何以为父

谢 普 ◎ 编著

中华工商联合出版社

图书在版编目（CIP）数据

何以为父 / 谢普编著. -- 北京：中华工商联合出版社，2024.9. -- ISBN 978-7-5158-4104-5

Ⅰ．G78

中国国家版本馆CIP数据核字第2024AS2004号

何以为父

作　　者：	谢　普
出 品 人：	刘　刚
责任编辑：	吴建新　林　立
装帧设计：	李舒园
责任审读：	郭敬梅
责任印制：	陈德松
出版发行：	中华工商联合出版社有限责任公司
印　　刷：	三河市宏盛印务有限公司
版　　次：	2024年10月第1版
印　　次：	2024年10月第1次印刷
开　　本：	690mm×960 mm　1/16
字　　数：	120千字
印　　张：	10
书　　号：	ISBN 978-7-5158-4104-5
定　　价：	59.00元

服务热线：010-58301130-0（前台）

销售热线：010-58302977（网店部）
　　　　　010-58302166（门店部）
　　　　　010-58302837（馆配部、新媒体部）
　　　　　010-58302813（团购部）

地址邮编：北京市西城区西环广场A座
　　　　　19-20层，100044

http://www.chgslcbs.cn

投稿热线：010-58302907（总编室）
投稿邮箱：1621239583@qq.com

工商联版图书
版权所有　盗版必究

凡本社图书出现印装质量问题，请与印务部联系。

联系电话：010-58302915

前 言
PREFACE

> 当父母容易,做父母难。
>
> ——德国画家、诗人威廉·布施(Wilhelm Busch)

你知道如何做一个父亲吗?

你知道怎么教育自己的孩子吗?

你知道身为父亲意味着什么吗?

孩子呱呱坠地的那一刹那,你就正式地成了一名父亲。"父亲"——一个多么伟大的词汇,一个多么高尚的职业。父亲之于孩子,如灯盏,如旗帜,在孩子的成长过程中扮演着极其重要的角色,有着不可替代的价值。父爱甚至会影响孩子的一生。一个高度参与孩子人生的父亲,会赋予孩子超越生命的力量,使孩子拥有充盈的一生,不仅身心健康,而且能够独当一面。相较于母亲,父亲在孩子的心中是一个领导者,是一个榜样,具有坚强的意志,父亲的一言一行更能对孩子言传身教,使孩子塑造正确的价值观,树立明确的目标,勇敢地面对生活中的一切。父亲还是孩子游戏的重要玩伴,父亲与孩子之间的互动能刺激孩子的探索欲望、提高孩子的社交能力。同时，在这种健康的父子关系中，父亲也会获得成长，更加深知自己的责任，重新审视自己与自己父亲的关系，从而进一步理解自己的父亲。这个过程是一个双向的奔赴，父与子在各自的轨道上相互成全，共同成长。

父亲在孩子成长的各个阶段的作用，都不容忽视：

初为人父，褪去惊喜之后，要懂得分担妻子的重负，照顾好一个初生的婴儿，小到洗洗涮涮，都要参与其中；当孩子进入学步期，你的双手要适当松开，让孩子学会勇敢，引领孩子进入一个更广阔的世界；童年到青春期阶段，孩子会有一个全新的认知，作为父亲，你要发挥好自己的父性职能，帮助孩子调节好自己的情绪，探索更多未知的世界，做孩子的超级英雄；成年后，孩子已然能够独立，作为父亲，要退居幕后，给孩子更多的自由，在孩子需要的时候再适当现身，做孩子的守护者……

本书共分为六章，从不同角度介绍了作为父母，尤其是父亲，我们应该如何与孩子相处、如何培养孩子有良好的教养和规矩、如何建立健康的亲子关系、如何保护孩子的探索精神、如何陪伴好孩子的青春期……如果你是一个新手父亲，不知道怎样做一个父亲、做一个好父亲，不知道怎样才能更好地教育孩子、与孩子相处，那么，这本书或许可以为你解惑。而如果你是一个还在成长中的孩子，对父母有诸多的不理解，这本书或将给你带来启迪。

这是一场没有终点的长跑，希望身为父亲的你抓好这个接力棒，不负期待。

目 录
CONTENTS

第 1 章 学会爱自己是一切健康关系的前提 / 001

懂礼貌的孩子走到哪里都受欢迎 / 002

父母平和的情绪,对孩子很重要 / 006

教养藏在孩子对他人的尊重之中 / 009

没有规矩的家庭,比贫穷更可怕 / 013

孩子可以"熊",家长不能"熊" / 017

心眼小的父母,孩子难成大器 / 021

有爱心的孩子,更加有担当 / 025

父母越守信,孩子越自信 / 029

第 2 章 以身作则,孩子才能遵守规矩 / 033

父母的尊重,让孩子更愿意接纳规矩 / 034

夫妻之间也需要遵守规矩 / 039

父母先管好自己，才能管好孩子 / 044

父母要先在规矩里成长 / 049

给孩子树立起"知错就改"的榜样 / 054

第 3 章　打下健康亲子关系的基础 / 059

认可孩子，不苛求不责备 / 060

包容孩子，知错就改就是好孩子 / 065

信任孩子，告诉他可以做到更好 / 069

陪伴孩子，让孩子感受家的温暖 / 074

平等交流，让孩子感受到尊重 / 078

安慰孩子，做孩子的坚强后盾 / 083

第 4 章　保护孩子的探索精神 / 087

用"为什么"启动孩子的大脑思考装置 / 088

支持孩子大胆尝试，培养孩子的冒险精神 / 093

自由的孩子，善于发现更广阔的世界 / 098

在孩子探索世界时，不要试图打扰他 / 104

打开家门，让孩子在大自然中发现"新大陆" / 110

第5章　在冲突中寻找解决方案 / 117

不要盲目崇拜谁 / 118

少一些浪漫，多一些理性 / 122

少一些幻想，多一些目标 / 126

少一些冲动，多一些理智 / 129

不是所有人都会围着你转 / 133

第6章　青春期的果子有些涩 / 137

情窦初开的懵懂很正常 / 138

可以心动，不要行动 / 142

拒绝是一件很重要的事 / 145

引导孩子多交一些朋友 / 148

第 1 章
学会爱自己是一切健康关系的前提

教养，是现代人的软实力。在现代社会，我们每天都要跟不同的人打交道，若孩子能够做到对他人体贴、周到、尊重、得体，久而久之就会拥有强大的人际吸引力。而良好的人际关系，是一个人最重要的外部资源。父母给孩子的教养，其实是为了他将来在社会上的生存发展铺路。所以不管是穷养还是富养，最终都不如教养。拥有了教养，无论孩子的出身和背景如何，他们都可以选择做一个更好的人。

懂礼貌的孩子走到哪里都受欢迎

俗话说:"礼多人不怪。"礼貌是人际关系的桥梁,人与人之间的相处最重要的是互相尊重,只有礼貌待人,才能得到他人的以礼相待。而一个不懂礼貌的孩子,世界就为他关上了一扇门。

有网友分享了一段她失业的经历。她是一名音乐老师,在一家私立学校实习时,她的业务水平是四个人里面最好的一个。实习期过后,四个人里只能留下三个,而她成为被淘汰的那一个。满心委屈的她找到了人力资源经理询问理由。

人力资源经理告诉她,她之所以被淘汰,是因为大家都觉得她不太好相处。她从来都是一副高傲的模样,尽管她业务水平十分优秀,而作为老师,教得好是一方面,有亲和力也是一方面,没有孩子会喜欢一个看起来冷冰冰的老师,也没有家长会信任一个对人爱搭不理的老师。

听了人力资源经理的一番话，这个网友才明白，当你不愿意搭理这个世界的时候，这个世界也不愿意搭理你。可是从小就没有人教过她，要怎样跟别人打招呼。

小时候爸爸带她参加聚会，大人见了她，都笑眯眯地跟她说话，她却毫不理会只躲到爸爸的身后，爸爸也宠溺地摸摸她的头，为她解释道："这孩子就是害羞，不爱跟人打招呼。不过我也懒得管她了，只要学习好就行了。"

礼貌，是孩子走进这个世界的第一张通行证；没有礼貌，只有一纸文凭和一身本领也难以在社会真正立足。古代教育家孔子在教育他的儿子孔鲤时，就说道："不学礼，无以立。"意思是说，不学会礼仪，就难以有立身之处。

礼仪是我们中华民族的传统美德，从古至今源远流长，它能让一个人自觉地控制自己的言行，并使之符合道德行为的准则。而一个懂礼貌的孩子无论走到哪里都会受欢迎，别人也会对他产生好感，自然愿意与他成为朋友。

培养一个懂礼貌的孩子，需要父母从小就重视起来，在孩子开始学习讲话时，就教给孩子一些文明用语，比如："您好""请""谢谢""对不起""没关系""早上好"……在孩子再长大一些时，就要培养孩子在待人接物方面的言行举止了。他不但要注意个人卫生,还要注意保持公共卫生,不随地吐痰,不乱扔果皮纸屑等;乘坐公共交通工具时,懂得主动给老弱病残幼让座,排队不插队,遵守社会公德等。

培养懂礼貌的孩子,并不是一朝一夕的事情。需要父母长期的付出,在孩子做错时,耐心地指正;在孩子做对时,及时地进行表扬。更加重要的是,父母还要充当孩子的榜样,以身作则。只有这样,孩子才能在父母的长期熏陶下,成长为一个真正懂礼貌、讲文明的好孩子。

涛涛在5岁之前,一直跟着奶奶住在乡下,后来因为要上小学了,父母才将涛涛接回身边。在奶奶的精心照顾下,涛涛长得虎头虎脑,机灵可爱,但就是有些不懂礼貌。在家里要吃东西时,从来不会用礼貌用语,而是直接说:"我要吃饼干。"

有一次,爸爸带着涛涛去参加一个聚会。在饭桌上,爸爸跟朋友正聊着天,涛涛拽着爸爸的衣袖说:"我要喝饮料。"爸爸只顾着聊天,没有回应涛涛,涛涛便发起脾气来,把杯子往爸爸面前一放,大声命令道:"给我倒饮料。"

这霸道的语言,立刻引起了全桌人的关注,大家纷纷向涛涛爸爸投来"同情"的目光,涛涛爸爸恨不得立刻找个地缝儿钻进去。

为了让涛涛早日养成懂礼貌的好习惯,爸爸可谓绞尽了脑汁。一方面,他通过游戏、绘本等途径,让涛涛学会礼貌地待人接物;另一方面,爸爸格外重视自己在涛涛面前的一言一行,生怕不好的行为影响到涛涛的成长。

在爸爸的努力下,涛涛渐渐开始改变。上了小学后,涛涛不但能够礼貌地对待老师和同学,还获得了"文明礼貌小标兵"的称号。

英国著名教育家洛克认为,礼貌是儿童与青年应特别养成的习惯。可见,人们都把文明礼貌看得很重要,所以,父母应当教育孩子从小讲文明懂礼貌,并且从自身做起,给孩子树立起讲文明、懂礼貌的榜样。

父母平和的情绪，对孩子很重要

情绪，最容易暴露一个人的天性。为人父母，若总是不分场合，不分对象，随心所欲地抱怨、发脾气，那绝对是不会控制自己情绪的父母。但凡孩子犯一点儿错，就对孩子嘲讽打骂，那么孩子也学不会心平气和地面对生活中的一切。

相反，若是遇到事情，不轻易动怒，能够维持自己情绪稳定，那一定是拥有高情商和良好教养的父母。这样的父母，在教养孩子的过程中，能够做到不随便发火，就事论事，那么孩子也会成为一个能够控制自己情绪的人。

小莲今年10岁了，她从小就是一个急性子，情绪来得快去得也快，做什么事都风风火火的。一天，爸爸回家见到小莲在翻箱倒柜地找东西，于是问她找什么，她边找边说是在找姑姑送给她的卡子，她记得就放在梳妆盒里了，但是现在无论如何都找不到。小莲越说越着急，手上的动作也越来越没有章法，眼看就要哭了。这时爸爸温柔地安抚她说："不要急，慢慢找，肯定会找到的。"听了爸爸的话，小莲渐渐平复了情绪，最后，她在衣柜的角落里找到了她的卡子。找到的一瞬间，她就开心地笑了起来。爸爸见她情绪好转了，就趁机教育她说："你的脾气该改改了，遇事不能先着急，一定要有耐心，这样才能把事情解决好啊。"小莲点点头，很认同爸爸说的话，也知道遇到问题时只有先静下心来，才能找到解决的办法，但当时她就是控制不住。

还有一次，小莲正在做一道数学题，眼看就要晚上10点了，她还是没有任何解题思路，心里不由得着急起来，手心和额头都开始出汗。可是心里越着急，她的思路越乱，脑袋里好像有一团火在燃烧，连题目都看不进去了。又过了一会儿，她终于忍不住爆发了，把作业纸撕得七零八落。爸爸看她如此，也没有生气，反而耐心地劝她说："你发火是没有任何用处的，你只有让心情先平静下来，思路才能重新理顺，然后才能把难题解出来。"小莲听了爸爸的劝解，也知道这样下去不是办法，于是她做了几次深呼吸，试着让心情平静下来，然后重新整理了思路，认真地又算了一遍，这回终于把难题解决了。小莲看着做完的题目，开心极了，她先是感谢了爸爸的提示，然后认真反思了自己的行为，并且写了一张"遇事不能生气"的字条贴在了自己的文具盒上，以提醒自己遇事要保持冷静，

不能着急生气。

父母拥有好脾气,就是家里最宝贵的财富。父母若是随着自己的情绪好坏来教育孩子,那么孩子会不知所措,他搞不懂自己到底想要什么,也弄不清自己该如何去做。

所以,在我们教育孩子的过程中,一定要学会控制自己的情绪,让自己拥有一个平和的心态去面对孩子,争取做到任何时候都能够理性地跟孩子进行交流和沟通,这样孩子才能在耳濡目染之下,养成心平气和的习惯,并且在今后的人生中能坦然地去面对困难、挫折和失败。

教养藏在孩子对他人的尊重之中

关于尊重,有这样一句话:

我以为别人尊重我,是因为我很优秀。慢慢地我明白了,别人尊重我,是因为别人很优秀。

越是能力卓越的人,越是懂得尊重他人。因为这样的人有大格局,心胸宽广,不会咄咄逼人,更不会试图用贬低他人的方式来抬高自己。

人与人之间的相处,最基本的原则便是尊重。不管对方是谁,都能以平等的方式对待人,不表现出傲慢无礼的态度,这样的人无论走到哪里,都会得到他人的尊重。

在一场少年乒乓球比赛中,一个叫程娜的小女孩在经历了连续两场胜利后,有些骄傲起来,她不停地用挑衅的眼神看着对手李琦,还时不时露出轻蔑的笑容。然而,从第三场比赛开始，局面便出现了翻转，她连输了两场比赛。之前那挑衅的目光变成了怒目而视，在对方一个漂亮的反击过后，程娜输得彻彻底底。

输了球的程娜气得将球拍狠狠地砸在了地上，指着李琦说："你等着，下一次你别想赢我一个球。"

面对程娜的气急败坏，李琦却淡定许多，没有理会她言语间的挑衅，而是礼貌地对着裁判员鞠了一个躬，然后将自己的球拍擦拭干净，放在了背包里，微笑着离开了赛场。

其实，孩子的教养并不是一朝一夕养成的。李琦从小在体育队练习打球的时候，爸爸就跟在她身边，只要她表现出烦躁的情绪，爸爸就会让她跟教练员道歉。跟其他学校小队员对战的时候，爸爸也总是要求她"胜不骄，败不馁"，但凡她出现不尊重对手的表现，爸爸都会很严厉地批评她。

赛场是一方小小的天地，但也是社会的一个缩影。真正的尊重，是一种由内而外的修养，不管这个人是朋友还是对手，不管这个人地位高低，也不管这个人是富贵还是贫贱，都能在相处的过程中，给他人留有余地，考虑他人的感受。

李世民是我国历史上著名的明君，国家在他的治理下，一派盛世繁华。李世民深知，想要这盛世久安，对子女的教育就不能松懈，所以李世民给子女们请的老师都是德高望重、学识渊博的人。

当时，太子的老师是李纲，李纲因患有腿疾，不能行走。李世民便特许李纲坐轿进宫讲学，还命令太子亲自前去迎接老师。要知道，在等级森严的封建社会中，除了皇帝和他的嫔妃、子女们可以坐轿子外，其他人进出皇宫时都是毕恭毕敬走路，更不要说坐着轿子出入了。

有一次，李世民听说他的四子魏王对老师王奎不尊敬，十分生气，当着王奎的面批评儿子："以后你每次见到王奎，就如同见到我一样，应当尊敬，不得有半点放松。"经过李世民的一番教导，魏王再见到王奎时，变得十分恭敬。

李世民教子尊师被后人传为佳话。

尊重别人，才会赢得别人的尊重。孩子的成长过程，既是在学习如何尊重别人的过程，也是在体会自己为什么需要被尊重的过程。

因此，父母要为孩子营造一个互相尊重的家庭环境，做到夫妻之间相互尊重，尊重老人，也尊重孩子，不对孩子大吼大叫，不对孩子指手画脚。只有在充满了尊重的环境中长大的孩子，才能成为一个懂得尊重他人的人。

没有规矩的家庭,比贫穷更可怕

孟子曰:"不以规矩,不能成方圆。"作为一个拥有几千年历史的泱泱大国,我国又被称为礼仪之邦,因为我们为人处世皆有规矩。规矩,是一种准则,更是一种分寸。人若是不讲规矩,就容易走入困境。

有的父母将规矩视为"桎梏",认为规矩会扼杀孩子的天性,束缚孩子的自由,所以藐视规矩,认为孩子的成长不应该被条条框框所限制。在这样的思想支配下,一家动物园内就出现了这样一幕:爸爸为了让孩子更加清晰地看到大熊猫,就将孩子放到了围栏的内侧,结果孩子一不小心掉进了熊猫饲养池中。

熊猫们面对着这个"天外来客"十分好奇,纷纷上前围观,与此同时,爸爸正在奋力地将孩子拉上来。所幸大熊猫只是感到好奇,而没有做出伤害孩子的举动,否则后果不堪设想。

现实中这样的家长并不在少数，而这样自由长大的孩子，会遇到什么呢？前几年某野生动物园发生的老虎伤人事件，就是最好的警示牌。不懂得遵守规矩，就会受到惩罚。

前世界首富比尔·盖茨曾说过："身为父母，最重要的一项天职，便是在孩子年幼时，用规则来约束他们。"那些看起来鸡毛蒜皮的规矩，是一种约束，但同时也是一种保护。父母若是不给孩子订立规矩，那便是对孩子生命的极度不负责任。

一次聚餐结束后，爸爸们讨论起了自己的孩子。一个爸爸说："我儿子吃饭时，我不允许他浪费食物，食物掉在桌上，我都会让他捡起来吃掉。而且他在家里没有特权，饭桌上有什么饭菜，就吃什么饭菜，如果挑食，那就饿肚子。"而他的孩子现在才刚满3岁。

邻座的另一位爸爸，有些同情地说道："这是不是太严格了？他才那么小，没必要立那么多规矩，等孩子长大以后，自然就会变好的。"

似乎很多父母都会用"他还小""他还是个孩子"来为孩子不好的行为做开脱，仿佛"他还是个孩子"就是一块儿"免死金牌",能够将孩子所有的错误都掩盖住。事实上,这不是尊重孩子的天性,而是父母不负责任的表现。

因此,针对邻座爸爸的说法,这位爸爸说道:"这是最基本的用餐礼仪,并不是什么规矩多。就像一棵小树一样,从小不修不剪,长大后就会歪歪扭扭。"

《逊志斋集》中写道:"爱其子而不教,犹为不爱也;教而不以善,犹为不教也。"有格局的父母不会一味地包容孩子做得不好的地方,他们会严厉地指出来,并要求孩子改正。因为他们知道,父母可以容忍孩子,但是这个社会不会。那些被父母包容的错误,就像一个定时炸弹一样绑在孩子身上,说不准哪天就让孩子自食恶果了。

一位特别著名的作家在教育子女方面,也十分注重规矩。她规定孩子们在学习的时候不可以玩耍,即便是孩子们的爷爷奶奶远程特地来探望,孩子们也必须做完作业才能去跟爷爷奶奶玩。

从古至今,一个家族能够长盛不衰,在于他们拥有着自己的规矩。孔氏家族绵延传承了2500多年。颜氏家族延续繁荣了将近 500 年；曾国藩的子孙八代中，无一人是"败家子"；规矩在无形之中牵动着每一个人的命运，有规矩的家庭再贫穷也会有发达的一天，因为心有敬畏；而没有规矩的家庭，即便再富有，也会有衰落的一天，因为家风不正。

所以，无论是贫穷的家庭还是富裕的家庭，都要给孩子立下规矩。当孩子处处表现得懂礼仪、有规矩时，人们不但会夸赞孩子、夸赞父母，也更愿意与他亲近。

孩子可以"熊",家长不能"熊"

"熊孩子"三个字可谓让人们都避而远之,曾被人幽默地称为"地球上破坏力最强的小生物"。而"熊孩子"之所以这么"熊",大部分原因是他们的背后都站着一个"熊家长"。

网友小A曾在网上分享了一段自己乘坐高铁时的遭遇。在小A的座位后面,坐着三个八九岁的小孩,三个小孩中有两个还比较乖巧,只有中间的小男孩从一上车就不怎么老实,不但说话声音特别大,还总是踢前排的座椅。

但念在对方是孩子，小A心想：等孩子过了新鲜劲儿，也许就安静下来了，结果小男孩不但没有安静下来，反而越闹越厉害，还成功地带动了另外两个孩子。他们一边玩手机游戏，一边大声喊叫，声音中还夹杂着骂人的脏话，游戏输了就使劲儿地拍打和蹬踹前排的座椅，而孩子们做这一切时，他们父母们就隔着一条过道看着，丝毫没有劝阻的意思。

小A忍不住回头对孩子们说："小朋友，请小声一点儿，你们吵到其他人了。"

此话一出，孩子们还没说什么，其中一个孩子的爸爸倒是不乐意了，说道："你挺大一个人了，跟孩子计较什么呀？你没有孩子，怎么能懂孩子呢？再说了，你以后不会生小孩吗？你的小孩就不会闹吗？"

小A被这个无理还能辩三分的家长气得无言以对，跟小A同排坐着的乘客看不下去了，开口道："小孩子不懂事，那大人也不懂事吗？这是公共场所，你是不是应该约束一下自己的孩子呢？"

见又有人指责他，孩子的爸爸更加咄咄逼人起来，说道："是呀，小孩子不懂事，你做大人的也不懂事吗？跟一个孩子计较？公共场所怎么了？现在又不是休息时间，还不能让人说话了吗？那么怕吵，你把整节列车都包下来呀？包不起，就别那么多事。"

大家也许是从来没有见过这样蛮不讲理的家长，纷纷加入了指责他们的队列，有的说："公共场合保持安静，是小学生都应该懂的道理。"还有的说："家长要给孩子做榜样，否则小孩子有样学样。"

……

孩子的爸爸一看自己寡不敌众，便掏出手机，对着每一个指责过他的人说："你们等着，我现在就把你们的样子拍下来，然后叫人来收拾你们。"

车到站了，小男孩跟着他父母一起下车，临下车前狠狠瞪了小A一眼，说道："我坐这么多次车，还没人敢管我呢！你今天死定了。"

小A简直不敢相信，这样恶毒的话语是从一个小孩子的嘴里说出来的，再加上那个充满怨恨的眼神，小A不敢想这样的孩子到了社会上，会是怎样一番场景。

"熊孩子"不可怕，因为每个人都是从懵懂无知中走过来的，可怕的是孩子"熊"，家长也"熊"。如果说孩子"熊"是因为他们涉世未深，不懂得在这个世界需要遵守规则，那么家长"熊"就是他们愚昧无知，只注重个人利益，缺少公德素养和法纪规则，而这会使他们成为将孩子推进"火坑"的刽子手。

一个孩子的样子，反射的是一个家庭的面貌，今天你觉得孩子在公众场合吵闹不算什么，那明天你就会为自己种下的恶果买单。心理学家说："年幼时无意识地破坏规矩，经过长辈溺爱的纵容，就造成了熊孩子自我意识的扭曲。若不及时纠正，就会胆大至'天下皆我爸妈'的程度。"

想一想《伊索寓言》中那个被判死刑的小偷，他的结果原本不该如此。若是在他第一次偷东西时，父母就狠狠地责罚他，而不是笑着对他说别让别人看见，那么他就不会成为阶下囚。

作为父母，我们要守住教育的底线，不要无底线地纵容孩子。让爱与规矩并存，给孩子一个有教养、有底线的成长环境。那些曾经的"熊孩子"之所以渐渐变得不"熊"了，多半是因为在他们的背后，有父母的耐心教导，让他们懂得了遵守公众秩序和社会规则的必要性。

心眼小的父母，孩子难成大器

在杭州一家商场的游乐场内，一个小女孩不小心踩到了一个小男孩的脚，小女孩的爸爸为此一直向小男孩道歉，但是小男孩的爸爸却不依不饶，其间妻子出言阻止他，还被他一把甩开。原本只是被踩了脚、并没有什么大碍的小男孩，见到爸爸这副样子，吓得直哭。

不过是小孩子之间无意的碰撞，但孩子家长执着于孩子受到的那一点儿疼痛，却丝毫没有顾及这样的自己会给年幼的儿子留下怎样的印象。孩子除了一时的害怕外，还会学会父亲在处理这件事情时的态度，将来别人踩了他一脚，那他必定认为只有踩回去自己才不算吃亏。

陈希夷在他的传世之作《心相篇》中讲道："较量锱铢，岂足期乎大受？""锱铢"是古代的重量单位，锱为一两的四分之一，铢为一两的二十四分之一，比喻极其微小的数量。这句话的意思是说，斤斤计较，为一点儿小利争个不休的人，其格局就如蟑螂、老鼠一般，天生器量小，什么都忍受不了。量小必薄福，喜欢斤斤计较的人，都享不了大福报。因为性格决定命运，爱斤斤计较的人只顾着眼前的利益，眼光不够长远，难成大事。

而孩子最初的行为方式，都是从父母的身上模仿来的，不管是待人接物，还是学习生活，都是从父母那里学习到相应的行为方式。如果父母待人做事斤斤计较，没有气量，时间久了孩子也会变得心胸狭窄，胆小懦弱，并且同样爱计较。

如果父母在生活中宽容大度，遇事不斤斤计较，与邻里、朋友相处融洽，那么孩子就会学着父母的言行方式去处理自己和他人之间的关系，也会变得宽容友善，乐于与他人相处。

在一个美丽的社区里，住着一对夫妇，李明和王芳，他们以宽容大度著称。无论是邻里之间的琐事还是朋友间的误会，他们总是以平和的态度去处理，从不斤斤计较。他们的儿子小强，从小耳濡目染，也学会了父母的处世之道。

有一天，小强在学校里受到了同学小刚的欺负。小强回家后，闷闷不乐地告诉了父母。李明和王芳并没有立即去找小刚算账，而是耐心地听小强讲述事情的经过，并教导他如何以宽容的心态去面对别人的错误。

小强听从了父母的建议,决定不与小刚计较。他尝试着与小刚沟通,告诉他自己并不介意之前的冲突,并邀请他一起参加学校的篮球比赛。小刚被小强的宽容所感动,两人最终成了好朋友。

在社区的另一头,住着一个名叫张伟的男子。张伟性格火暴,总是因为一点小事与人争执不休。有一次,他因为隔壁装修时的噪音问题与邻居大吵了一架。事后张伟越想越生气,决定要报复邻居,让对方知道他的厉害。

他开始在邻居的家门口放置垃圾,甚至在夜里故意制造噪音,让邻居无法入睡。然而,这种报复行为并没有让张伟感到快乐,反而让他自己也陷入了无尽的烦恼和焦虑之中。他开始失眠,脾气变得更加暴躁,与家人的关系也变得紧张。

最终,张伟的所作所为传遍了整个社区,他的形象一落千丈。他失去了朋友,甚至在工作中也受到了影响。张伟开始反思自己的行为,他意识到报复并没有解决任何问题,反而让自己陷入了更深的痛苦之中。

生活就是这样,面对别人的伤害,刻意的报复往往结局并不乐观,最后的结果与其说是报复了自己的敌人,不如说是更深地伤害了自己。报复是把双刃剑，在伤害别人的同时，也会划伤自己。因此，不要对别人的伤害耿耿于怀，用别人犯下的错来惩罚自己，使自己痛苦，实在是太不明智了。

"当你伸出两个手指去指责别人时，余下的三个手指恰恰是对着自己的。"美国的父母常用这句话教育他们的孩子。圣人说："怀着爱心吃蔬菜，要比怀着怨恨吃牛肉好得多。"

宽宏大量是一种素质，一种情操，一种美德；宽宏大量是海纳百川的大度与包容，是笑看风云的开怀与爽朗。一个成功的爸爸，只有把宽宏大量作为自身做人的准则和信念，在得到别人信任和尊敬的同时，才会得到孩子的敬重和爱戴，为孩子树立起榜样。所谓"大人不计小人过，宰相肚里能撑船"，"退一步，海阔天空，忍一时，风平浪静"，宽宏大量不失为育人律己的一条光辉典则。

过去人总说："宰相肚里能撑船。"越是心中有大格局的人，越是不会为世俗的小事斤斤计较。如果父母想要将自己的孩子培养成为胸怀宽广的人，那么在教育孩子的过程中，就要做到待人宽容大度，不计较个人的得失，也不要一味地指责孩子的过错和不足。只有这样，孩子才能成长为一个胸怀宽广、不爱斤斤计较的人。

有爱心的孩子，更加有担当

"爱"是人类社会不可缺少并且举足轻重的存在。哈佛大学教育研究院发表了一项研究成果：对2000名成功人士进行了一项调查，结果表明，这些人在小时候，比同龄孩子表现出更多的善良和同理心，更关心他人，更有爱心。

蔡特金是德国工人运动和国际工人运动杰出的女活动家，德国共产党的创建人之一，她为国际妇女运动做出了卓越的贡献，是三八国际劳动妇女节的创始人。

蔡特金小时候，和父亲一起去逛街，见到一个小报童，这位小报童穿着又脏又烂的衣服，样子十分可怜。小蔡特金动了恻隐之心，她把自己平时积累下来的零花钱拿了出来，一下子买了七份报纸。

父亲看到小蔡特金的举动后，感到十分好奇，便问道："你为什么要买那么多报纸呢？一份不够吗？"

小蔡特金以为父亲要批评她乱花钱，低着头不敢说话。父

亲忽然间明白了小蔡特金的想法，于是连忙解释道："孩子，你别误会，我知道你为什么买这么多报纸了，但是你给他七份的钱，只拿一份报纸不就可以了吗？其他的报纸他还可以拿去卖啊。"

听了父亲的话，小蔡特金恍然大悟，连忙取出了一份报纸，把剩下的还给了报童。

卢勤说："孩子的爱心是稚嫩的，你在乎它，它就会长大；你忽视它，它就会枯萎；你打击它，它就会死去。"小蔡金特是幸运的，在她做出"浪费钱"的举动时，父亲不但没有批评她，反而告诉了她更好的做法。正是有了父亲的这份支持，小蔡金特才能一直秉持着一份爱人之心，去帮助更多的人，并且在帮助别人的过程中成就了自己。

如果一个人心中只有自己，只考虑自己的利益得失，那么他的世界就会变得很小，没有多余的力量去帮助别人，也没有多余的爱分给其他人，更没有多余的能力去承担更多的责任。只有心中有大爱的人，才能拥有海纳百川的胸襟去包容他人，才能在历史的长河中去引领他人。换句话说，一个有爱心的孩子，长大以后更具备当领导人的基本素质。

卢拉是巴西历史上第一位工人出身的总统，他在位期间发展了巴西的经济，减少了贫富之间的差距，为巴西带来了巨大的改变，是一位广受民众喜爱的好总统。

卢拉出生在巴西一个贫穷的农民家庭中，他上小学的时候，经常到街上去擦皮鞋，跟他一同擦皮鞋的还有另外两个小伙伴。这天，一个大老板来擦鞋，卢拉和另外两个小伙伴都围了上去，大老板拿出两元钱，决定找一个最缺钱的孩子为他擦鞋。

听了大老板的话，一个小伙伴表示自己一天都没吃东西了，再没钱买吃的，就会被饿死。另一个小伙伴则表示自己已经三天没有吃饭了，妈妈还生病了，所以也非常缺钱。轮到卢拉时，他却说："如果这两元钱让我挣到了，我会分给他们每人一元钱。"

卢拉的话让在场的人都感到很意外，卢拉接着解释道："他俩是我最好的朋友，我中午吃了点儿东西，而他俩却还饿着肚子，您就让我擦吧，我比较有力气，一定会让您满意。"

大老板被卢拉感动了，让卢拉帮他擦了鞋，并支付给了卢拉两元钱，卢拉拿到钱后立刻将钱分给了自己的两个小伙伴。

几天后，这位大老板找到了卢拉，让他成为自己铺子里的学徒工，虽然工资不高，但是却比擦鞋强得多。再后来，卢拉通过自己的努力，成为一名工人，又从工人成为巴西的总统，带领着巴西成功跻身"金砖国家"行列。

不仅仅是卢拉，纵观世界上那些著名的领导人，无一不是极富有爱心的人，他们都是从一个有爱心的孩子，成长为一个"忧天下之忧，乐天下之乐"的领导人。

孩子的爱心是通过自然而然的模仿和潜移默化的渗透而逐渐形成的，是一个从外在到内在、从量变到质变的发展过程。因此，我们不但要为孩子营造一个被爱的环境，更重要的是要让他们学会如何去爱别人。在这个过程中，家庭是最重要的爱心培育基地，父母是最直接的爱心播种者。在对孩子进行爱心教育的时候，父母要以身作则，在家庭中营造爱的氛围，感染孩子的心灵，用自己的行为教育孩子，起到示范的作用。

只有在"爱"与"被爱"的双重环境下，孩子才能拥有更宽广的胸怀，成为一个有爱心的人。

父母越守信，孩子越自信

中国青少年研究中心曾在全国调查中发现：中小学生最不满意父母的12种行为中，"说话不算数"占43.6%，排在第一位。可见在孩子心中，父母的言而无信是让他们最为厌恶的行为。

这恐怕是很多父母都没有想到的事情，在父母看来，即便是答应了孩子却没能做到的事情，但都已经跟孩子做了解释了，这就不算个大事了。美国作家罗兰·米勒的《亲密关系》一书中说道："每当家长们以各种各样的理由爽约时，孩子在乎的从不是理由，而是结果。"

答应周末带孩子到游乐场去玩，但是周末到了，却因为单位有应酬，只能对孩子说："爸爸下次再带你去玩。"说好孩子成绩进步了，就奖励给孩子一辆遥控汽车，等孩子拿着进步的成绩单回来时，却对孩子说："家里有这么多遥控汽车了，就不买了吧！"

不管家长有多少理由,对于孩子而言都无法改变父母爽约的事实。父母一句随口的承诺,可能说完就过去了,但对于孩子而言,他们却牢牢地记在了心里。因为孩子的世界很小,家有多大,孩子的世界就有多大,当孩子遭受到来自家庭的打击时,那种伤害简直是毁灭性的。

有些家长会认为孩子就爱"小题大做"。其实并不是孩子小题大做,而是在孩子心中,家庭有着十分重要的地位,特别是父母的承诺,并以此作为衡量自己在父母心中分量的标准。在孩子看来,父母爽约,就是对自己不够重视的体现,而父母的不重视,换来的就是孩子的不自信。

从心理学的角度来说,所有的小孩都有一种与生俱来的自卑感,他们需要借助外界的力量来增加信心。而父母就是他们在这世间最信任的人,是他们接触这个世界的第一媒介。父母许下的每一个承诺,都盛满了孩子的全部期待。来自父母的每一次欺骗,都足以让孩子的内心世界崩塌。

所以当父母一次次失信后,孩子便会渐渐失去对父母的信任,同时也失去了对未来世界的信任,而他们自己也变成了一个不守信的人。

相反,父母若是重视自己的承诺,言出必行,那么孩子也会在潜移默化中被影响，长大后成为一个诚实守信的人。

有一位大学教授在回忆起自己的父亲时，提到了在他小时候发生的一件事。当时父亲忽然想到一道难题，便对他说："你若是解出了这道题，我就奖励给你一支派克金笔。"

在当时那个年代，一支派克金笔是十分贵重的礼物。父亲之所以这样说，是因为他觉得以小孩子的水平，一定解不出这道题来，答应奖励派克金笔，只是父亲激励他的一种方式。

但是令父亲没有想到的是，儿子居然解出了那道难题，父亲惊喜之余，拿出了自己珍藏了多年的派克金笔，送给他。对于孩子而言，派克金笔虽然贵重，但他更在意的却是父亲说到做到的作风。在他今后的人生道路中，他总是想起这件事，并以此来激励自己要成为像父亲一样说到做到的人。

德国有句名言："生命不可能从谎言中开出灿烂的鲜花。"为避免我们成为言而无信的父母，在对孩子做出承诺前，我们一定要慎重考虑，确定自己能够做到再答应孩子；若是不能做到，就不要轻易许下诺言，更不能为了达到某种暂时的目的，说谎诓骗孩子。

　　拥有诚实的品质，能让一个人的生命之花开得更加鲜艳，同时让孩子今后的道路越走越宽。

第2章
以身作则，孩子才能遵守规矩

无数的事实证明，父母的一言一行对孩子的成长有着巨大且深远的影响，如果父母不守规矩，那么孩子定然也不会遵守规矩。定规矩这件事，从来都不是针对孩子一个人而言的，而是需要家里的每一个人都遵守，这样才能发挥作用。因此，想要孩子更好地执行规矩，父母首先要以身作则。

父母的尊重，让孩子更愿意接纳规矩

在给孩子订立规矩前，有一点很重要，那就是父母要学会尊重孩子。在有的父母的眼中，孩子是属于自己的，自己想怎么对待就怎么对待。但事实上，你的孩子是一个独立的个体，有着自己的喜好、情绪和未来，他可能跟我们想象中的孩子完全不一样。所以，我们首先要学会尊重自己的孩子。

成峰是我见过的最"听孩子话"的爸爸，因为他竟然可以答应孩子在家里养蛇。

成峰的女儿叫瑶瑶，在瑶瑶大约4岁的时候，成峰带着她逛街，路过一家宠物店时，瑶瑶非要进去看看。宠物店里有很多动物，如猫、狗、仓鼠、兔子等，成峰觉得都很可爱，心想：如果孩子喜欢，就买一只回家养，正好可以培养孩子的责任感和爱心。

可是令成峰没有想到的是，瑶瑶进去环视一周后，果断地

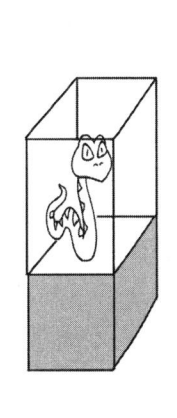

向养蛇的玻璃缸走了过去,成峰当场就吓出了一身冷汗,因为他最怕蛇了。但是瑶瑶却表现出十分感兴趣的样子,竟然还向宠物店的老板提出"摸一摸蛇"的请求。

宠物店老板很痛快地同意了瑶瑶的请求。掀开了上面的玻璃盖后,瑶瑶伸着小手轻轻地摸了摸蛇的身体,摸到了蛇后,瑶瑶欣喜万分地跟成峰分享她的感受:"爸爸,蛇身上冰凉凉的,摸起来好舒服呀!"成峰听了忍不住起了一身鸡皮疙瘩,想拉着女儿赶紧离开宠物店,可是瑶瑶却不愿意回家,她想要把那条小蛇也带走。

这可让成峰为难了,因为他真的很怕蛇,虽然宠物店老板一直强调这种小蛇性情温顺,轻易不会伤人,也没有毒,饲养比较容易,可是成峰就是感到害怕。看着女儿期待的眼神,成峰实话实说道:"爸爸害怕蛇,所以……"

没等成峰说完，瑶瑶就表示她会看好小蛇，不让它从箱子里跑出来，还会给小蛇喂食和打扫箱子。说完，瑶瑶就抱着成峰撒起娇来，不断地哀求他。

既然孩子都这样说了，成峰干脆就将"丑话"说在了前面，孩子想养蛇可以，但是必须遵守以下几点规矩：

①小蛇的水箱只能放在孩子自己的房间里。

②不可以将小蛇拿出来玩。

③必须自己学会饲养小蛇，并且不能要求爸爸帮忙。

瑶瑶仔细斟酌了一下，就同意了成峰的要求。并且在养蛇的过程中，瑶瑶真的做到了"说到做到"。因为小蛇是自己真心想要的宠物，而爸爸虽然不喜欢，还是买给了她，这让孩子感受到了来自父母的支持与尊重。为了回报这份支持与尊重，瑶瑶也会努力去遵守相关的规定。

可见，孩子是喜欢被尊重的。父母对孩子的尊重，能够让孩子自尊自爱，而一个自尊自爱的孩子，对自己的要求也更加严格，对父母定下的规矩，也会更愿意去遵守。

那么，在养育孩子的过程当中，我们该怎样去尊重孩子呢？

如果我们希望孩子在进门之前懂得敲门，那么我们在进入孩子的房间前就要敲门，即便是门开着，我们也应该敲下门，征得孩子允许后，我们才可以进入孩子的房间。

如果我们希望孩子不乱翻别人的东西，那么我们在收拾孩子的东西之前，就要先得到孩子的同意，经过孩子允许后，我们才能着手收拾。在收拾的过程中，不要故意窥探孩子的隐私。

我们这样做，是为了教会孩子如何去尊重别人。一个进别人门不爱敲门、到了别人家随意翻动别人东西的孩子，无论如何都无法给别人留下"懂规矩"的印象。所以，不要再以为这些生活中的点点滴滴是小事了，尊重孩子就要从小事做起。

尊重孩子不同于放纵孩子。现实中，很多父母在育儿的过程中拿捏不好尊重与放纵之间的区别。错误地认为无论孩子做什么，只要是孩子想做的事情，父母选择支持就叫尊重。实际上，我们支持孩子做的事情到底是尊重还是放纵，需要放在具体的情景中来看。

举个例子：孩子在自己家将所有的饮料都混在一起，观察颜色的变化，我们选择支持，这叫尊重；但如果孩子在别人家将所有的饮料混在一起，观察颜色的变化，我们仍旧选择支持,这就叫放纵。

对孩子的好奇心和探索欲表示支持和鼓励,允许孩子发表自己的看法,这是尊重;但如果不考虑其他人的感受,给他人带来了困扰,这就叫放纵。

给孩子自由,让他们有足够的空间成长,这是尊重;但如果孩子的自由对别人和社会造成了负面影响或是伤害,这就是放纵。

理解孩子的天性,不用成人的眼光挑剔孩子,判断孩子的是非,是对孩子的尊重;但是如果放任孩子养成不良的习惯,染上恶习,那就是放纵。

孩子是一个有思想、有主见、有个性的、独立的人,需要得到父母的尊重,但是尊重不等同于放纵,并不意味着我们要一味地满足孩子的所有愿望,毫无约束和限制可言,这样的"尊重"只会让孩子变得任性自私,霸道专横,丝毫不知真正的尊重为何物。

夫妻之间也需要遵守规矩

在看日剧《坡道途中的家》时，有一幕令我印象深刻。

剧中的女主角名叫里沙子，原本是一名家庭主妇，虽然孩子经常让她头痛不已，但她也勉强能够应付得来。可一个意外的出现打破了这种平静，那就是里沙子被选为了候补的国民参审员，虽然只是候补人员，但是也要每天去法庭聆听。

每天在法庭结束聆听后，里沙子还要匆忙赶往孩子的奶奶家接孩子，然后买上菜回家做饭。有一天，里沙子买了满满两大包东西，快到家门口的时候，女儿忽然闹脾气，非要让里沙子抱，但是里沙子已经没有多余的手来抱孩子了，在反复劝说无果后，里沙子故意对孩子说："那妈妈先回家喽。"说完，就向前走去，然后躲在一边偷偷看着孩子的反应。

孩子站在原地放声大哭，这一幕正好被下班回来的丈夫看到了，丈夫抱起女儿对着里沙子就是一通埋怨："你这是在干什么？你平时在家就是这样看孩子的吗？"

里沙子连忙向丈夫解释说："不是你想的那样，我手里拿了太多的东西，实在没有办法抱她了。但她一直在闹脾气，我只是想让她冷静一下，而且我并没有走远，就躲在一边看着她呢！"

但是丈夫却并不相信里沙子的话，他怀疑里沙子经常这样做，还警告里沙子说，将儿童丢下是虐待儿童的表现。

而这样的场景不止一次出现过。里沙子平时教女儿时，明明一切都很好，丈夫总是要插上一脚，还有身边的人也总是对着她指手画脚，导致女儿越来越不听她的话，有时候还会故意惹怒她，然后再去找爸爸为自己撑腰。

现实生活中这样的场景也并不少见：要么就是这边妈妈管孩子，那边爸爸惯孩子，妈妈说："不可以吃冰激凌。"爸爸就偏偏偷偷给孩子买来吃，还要嘱咐说："不要告诉妈妈。"要么就是爸爸管孩子，妈妈不让管。孩子犯了错，爸爸的手还没伸到孩子身上，妈妈就一把将孩子护在身后说："你要打他，就先打我吧！"

试问，在这种情况下，孩子究竟该听谁的呢？

做任何事情都需要有一定的环境支持，给孩子定规矩也是如此。如果父母能够给孩子营造出一个和谐幸福的家庭环境，不但有利于孩子更好地遵守规定,还可以使孩子养成良好的性格。因此,夫妻之间也应该遵守一定的规矩。

李玫瑾教授曾经说过:"管孩子只能有一个声音。"意思是说,在管孩子这件事情上,全家人要统一战线,切不可"一个唱白脸,一个唱红脸",这样只会让孩子感到不知所措,不知道该听谁的。等孩子再长大一些,就会懂得"趋利避害",谁对他的约束力更低,他就更愿意听谁的。这样不但会让其中一方失去权威,同时也会因此而影响夫妻之间的感情。

所以在育儿这件事情上,夫妻之间首先要遵守的一个规矩就是:在一方管教孩子的时候,另一方要么站在同一战线上,要么选择沉默。

如果遇到了意见不统一的时候,也不要当着孩子的面就发作出来,而是等孩子不在身边时,再向对方提出自己的观点和见解。只有夫妻之间在大是大非的问题上协调一致,孩子才能学会分辨是非,"再优质的教育也比不上夫妻同心,给孩子一个和睦幸福的家庭"。

家长可能想象不到,当着孩子的面争吵时,会给孩子的内心留下多么大的创伤,父母也许只是宣泄自己一时的情绪,吵过之后会立刻和好如初,但是孩子却可能陷入巨大的恐慌之中，他们会认为是自己的原因导致了父母的争吵，因此，产生了很强的罪恶感。有的孩子还会刻意讨好父母，为的就是父母不再争吵。

一个生活在父母经常争吵的家庭中的孩子，会逐渐产生信任危机，长大后可能对建立亲密关系感到恐惧。如果父母长期感情不和，那么即便原本性格再开朗的孩子，也会变得沉默寡言，甚至是性情冷漠。

而反观那些在父母恩爱的环境中长大的孩子，则表现完全不同。某知名女演员曾在一期综艺节目中说自己是精神上的"富二代"，因为她从小就是爸爸妈妈之间的"电灯泡"，父母恩爱让她有足够的安全感去面对这个世界，所以她从来不怕黑，无论做什么事情，内心都是坦坦荡荡的。

生活在父母恩爱的家庭中的孩子，是非常幸运的，因为他们见过人世间最美好的感情，所以对健康的爱拥有敏锐的嗅觉，人生的方向感就不容易出错。著名婚恋专家约翰·格雷认为：夫妻关系的好坏，直接影响到亲子关系的好坏。如果亲子关系出了问题，即便立了规矩又能起到多大的作用呢？

因此，作为成年人，我们要学会控制自己的情绪，与伴侣之间达成"君子协定"，争吵时尽量避开孩子，不要给孩子幼小的心灵造成伤害。

常言道:"百善孝为先。"一个人若是连孝顺老人都做不到,那么还怎么去教孩子呢?而孝顺老人,不仅仅是指孝顺自己的父母,还包括配偶的父母。而孝顺的内容,也不仅仅是尽到赡养义务就好,还包括不当着孩子的面,指责对方父母的不是。

无论是爷爷奶奶还是姥姥姥爷在带孩子,两代人之间的育儿观念难免会有所不同,年轻人觉得老人的那一套都过时了,所以希望老人事事处处都按照自己说的来办,一旦老人做得不对,就会对老人心生抱怨,然后再对着自己的丈夫(或妻子)表达出心中的不满。

在这种环境下耳濡目染的孩子,他会学到什么呢?我们给孩子定下了"尊老爱幼"的规矩,让孩子不要跟大人顶嘴,但自己却经常当着孩子的面,说孩子的爷爷奶奶做得不对,说孩子的姥姥姥爷溺爱孩子,那么孩子能学会的,就是对老人越来越刻薄,甚至对老人充满敌意。

如果对家里帮忙带孩子的老人有意见,可以跟老人私下沟通,或者是夫妻间私下沟通,不要将孩子牵扯到大人的矛盾中来,以免孩子将来变成一个不明事理、不懂尊重长辈的人。

父母先管好自己,才能管好孩子

有一张在地铁上拍摄的照片,曾被朋友圈的许多父母转载过。照片上是正在乘坐地铁的两对母子,其中一对母子,妈妈拿着书看,孩子也拿着书看;另一对母子,妈妈拿着手机看,孩子也凑过去跟着看手机。

我们或许意识不到,自己平日里一个不经意的动作,已经深深地影响到了孩子。这也是为什么平日里我们管教孩子,

孩子却总是不听话的原因,因为父母起到了"很好的带头"作用。

朋友曾经跟我提起过发生在他身上的一件事。

朋友有抽烟的习惯,妻子说了他很多次,但是他都无法抵抗香烟的吸引力。同时,朋友也觉得吸烟损害的是自己的健康,对其他人没有影响,所以戒不戒烟没有多大关系。

直到有一天,朋友的儿子笑笑跟小朋友一起玩过家家,笑笑假装当爸爸后,便拿起一支铅笔别在了耳朵上。过了一会儿,笑笑又拿下耳朵上的铅笔,放在嘴里假装吸了一下,并做出了吐烟的动作。

朋友见状,气不打一处来,上前打掉了笑笑手中的铅笔,说道:"你怎么不学好呢?学什么抽烟!"被打的笑笑感到很委屈,撇着嘴说:"爸爸,你就抽烟啊!"

孩子的一句话,犹如一记重拳打在了朋友身上。是啊,自己还抽烟呢,又有什么资格说孩子呢?

事后,朋友说:"我们总怪孩子做得不好,其实是自己没有做好。"

的确,在育儿的道路上,父母若是不能做好榜样,孩子就很容易走上歧途。父母若是管不好自己，给孩子讲再多教育的真谛都没有用。那么，在给孩子订立规矩前，身为父母的我们，都应该从哪些方面管好自己呢？

先讲一个笑话：有一个小男孩对着同学说了一句脏话，他爸爸听到了，上去就给了这个小男孩一巴掌，骂道："你这个小兔崽子，谁让你说脏话的？"

是啊，究竟是谁让小男孩说脏话的呢？答案昭然若揭。如果我们留心观察就会发现，那些满嘴污言秽语的孩子背后，都站着一个把脏话挂在嘴边的爸爸或妈妈。相反，每一个谈吐优雅的孩子背后，站着的都是一对说话举止彬彬有礼的父母。

著名相声演员郭德纲和他的儿子郭麒麟就是这方面最好的例子，无论是谁接触过郭麒麟，都要忍不住夸上一句"有教养"。而郭麒麟待人接物、说话办事那谦卑有礼的样子，都是郭德纲言传身教的结果。

郭德纲个人的规矩素养，有很大部分来自家庭氛围的熏陶。他从来不说一个脏字，对待长辈永远是毕恭毕敬的样子。正是在父亲的教育之下，郭麒麟才能成为行走的礼仪教科书。

所以，父母只有先管理好自己的一言一行，孩子才能有样学样，并且在面对父母定下的规矩时，才会自觉地去遵守。

在给孩子制定规矩的时候，父母的情绪尤为重要。因为一个不能控制自己情绪的家长，也无法培养出深明事理、不骄不躁的孩子。

我们在面对不守规矩的孩子时，常常不能控制自己的情绪，轻则训斥，重则打骂。在这个过程中，孩子除了全面吸收来自父母的负面情绪外，唯一能够学会的，可能就是在面对自己不如意的事情时，用发脾气的方式来解决吧。

每一个孩子都需要情绪稳定的父母。即使是孩子做错了事情，情绪稳定的父母也不会对他们大喊大叫，而是能够平心静气地与他们好好谈。这样孩子才能拥有好的性格，在面对父母定下的规矩时，才不会产生逆反的心理。

胡适曾经说过："如果我学得了一丝一毫的好脾气，如果我学到了一点点待人接物的和气，如果我能宽恕人、体谅人——我都得感谢我的慈母。"胡适是出了名的好脾气，而他的好脾气就取决于他母亲的榜样作用。

人会管不住自己，往往都是内心的欲望在作祟。父母若是无法控制自己的欲望，一味地放纵自己，那么就无法培养孩子的自律。如果父母在想玩游戏的时候就玩游戏，想睡懒觉的时候就睡懒觉，完全释放自己的欲望，那么孩子向谁去学习自律呢？

而我们给孩子订立规矩，其实就是通过规矩培养孩子的自律能力。每一个孩子都是天生的模仿者，父母想要孩子能够遵守规矩，能够控制住自己的欲望，首先自己就要做到管好自己的欲望。正人先正己，管孩子也是一样，只有父母管好了自己，才有资格去管孩子。

父母要先在规矩里成长

父母给孩子定规矩之前，首先要明确一件事，那就是规矩不仅仅是给孩子定的，父母也同样需要遵守规矩。身边很多小孩子无法遵守规矩，多是因为他们的父母就没办法说到做到。

邻居家的小孩子楠楠与我的女儿一般大，是一个十分淘气的小男孩，同时也是楠楠爸爸口中"一刻也离不开手机"的孩子。

为了控制楠楠玩手机的时间，楠楠爸爸要求楠楠每次只能玩半个小时，然后休息一个小时。对于楠楠来说，能玩手机就比不能玩强，于是答应了爸爸要求。

起初，爸爸为了给楠楠做榜样，也尽量缩短自己在孩子面前看手机的时间，除了必要的工作和生活所需外，楠楠爸爸尽量不去看手机。但是坚持了没几天，楠楠爸爸就有些坚持不下去了，尤其是在无事可做的时候，就想打开手机看看小视频，或是看小说。

有一次,楠楠爸爸刷小视频刷上了瘾,不知不觉一个多小时就过去了,楠楠站在一旁说:"爸爸,你都看了好久手机了。"

楠楠爸爸头也不抬地说:"儿子,你有什么事吗?"

楠楠说:"你只让我看半个小时,你自己却看起来没完没了。"

楠楠爸爸一听,生气了,说道:"我是大人,我看手机还得让你管着呀?"

楠楠没有再说什么,之后却不愿意再遵守爸爸之前定下的规矩了。他说:"凭什么大人就可以不用守规矩,而我就必须守规矩?"

父母是孩子的第一任老师,在孩子年幼时期,接触最多的人就是父母,所谓"上行下效",同样地,孩子会模仿父母的行为。所以父母立下规矩,自己就要带头执行,这样孩子才有学习的榜样。父母以实际行动遵守的规矩,比写在纸上、说在嘴上的规矩更有说服力。

相反,家长没有原则和规则的时候,也很难教育好自己的孩子。因为孩子知道自己的父母是没有底线和原则的,所以孩子可以随意打破家长定下的规矩。

那么，在给孩子定规矩的过程中，我们应该怎么带头遵守规则呢？

古训有言："身教胜于言教。"这是我国传统家教的重要经验。但是在给孩子定规矩时，大部分家长都只停留在"口头传达"上。

孩子回了家，父母会说："赶紧去学习。"但是孩子到底有没有去学习，父母却懒得去看一眼；让孩子晚上9点之前要上床睡觉，但是自己却时常熬夜追剧；不准孩子玩电子游戏，但是自己却打游戏打得忘乎所以……

父母一边做着破坏规矩的事情，一边却又要孩子必须遵守规矩，这不但不会让孩子学会如何去遵守规矩，还会让孩子形成一个印象，那就是长大了就可以不守规矩了，父母不在身边监督了，就可以放纵自己了。正人先正己，想让孩子做一个遵守规矩的好孩子，我们首先就要做带头遵守规矩的好父母。

常言道："严于律己，宽以待人。"但是在给孩子定规矩的过程中，家长们往往都是"宽以律己，严以待人"，对自己的要求很宽松，却要求孩子必须按照规矩去做，或者是自己做不到，却要求孩子必须做到。

那么作为孩子，他心里就不服气了，凭什么爸爸妈妈可以随便破坏规矩，自己就要被约束呢？不要拿"爸爸妈妈已经是大人"这样的话语来压制孩子，约束孩子主要靠规则，而不是靠父母的威严。换句话说，一个带头破坏规矩的父母，在孩子心中，也没有什么威信可言了。

所以，我们在给孩子制定规矩的时候，不能只要求孩子不要求自己，要重视自己在孩子面前的榜样的力量。凡是我们要求孩子必须做到的准则和规矩，我们必须要比孩子先做到；我们要求孩子做好的事情，要比孩子做得更好。这样孩子才能对我们心服口服，对我们制定的规矩也不会充满排斥的情绪。

对于孩子而言，最难过的事就是父母言行不一，因为父母是他们最信任的人。如果父母在对待孩子时"面前说一套，背后做一套"，那么孩子对父母就会渐渐失去信任。因此，在生活中，父母时时刻刻注意自己要言行一致。在给孩子定规矩时，父母也要做到言行一致。

比如，某项规则无法执行或者不能持续执行，我们说了"不要执行了"后，就真的不要再去执行了。不要因为一时激动就说出气话，之后回过头来想想，又觉得不应该那样，于是将自己之前的结论再次推翻。次数多了，我们的话对孩子就失去了约束的效力。

如果确实有不可抗拒的因素导致我们无法"说到做到"，那么我们就要在事后认真地跟孩子解释其中的缘由，取得孩子的理解。

只有父母"说话算话"，亲子之间才会建立起信任和尊重的关系，为下一步执行规矩奠定良好的基础。

给孩子树立起"知错就改"的榜样

榜样的力量是无穷的,父母的言行无时无刻不在影响着孩子的成长。英国教育家洛克主张,在教育孩子时,与其让孩子记住规则,还不如给他树立榜样。这"榜样的力量"里,就包括"知错就改"。

电视剧《小欢喜》热播时,我和爱人每天都守在电视机旁准时观看,电视剧中的几组家庭各有各的特点,每个家庭都能从上面找到自己家的影子。

记得有一集中,身为高官的季爸爸在和儿子争吵过后,主

动放下身段,当着众人的面给儿子赔礼道歉,承认了自己的错误,平时性格冷漠的儿子在那一刻被爸爸感动了,颤抖着身体,眼泪止不住地流淌下来,对父亲积攒了多年的怨恨,在那一刻全部释怀了。

看到这里,我的先生抹了抹眼睛,我还笑话他"大男人还哭鼻子",后来他给我讲了他小时候的一件事。有一次,他跟同学在学校打架,原因是那个同学先出口伤人,他实在气不过才推了那个孩子一把,结果那个孩子上来就跟他扭打在了一起。

事情被老师反映到他父亲那里时,就变成了他寻衅滋事,主动挑衅的那名同学却成了无辜的受害者。父亲当场要求他道歉,他死活不愿意,父亲气急之下,给了他一巴掌,他哭着离开了学校。

后来父亲碰到了他的同班同学,通过同班同学的讲述,知道了事情的真相,父亲知道自己冤枉了他,但是也没有向他道歉,而是继续埋怨他说:"我怎么就生了你这么个不争气的东西,成天就知道给我找事。"

先生说,那一刻他想到了死,真的很想死在父亲的面前,就看看他会不会后悔,会不会跟自己道歉。

听完先生的叙述,我无法再笑话他。他接着说,在教育孩子的问题上,他特别佩服我的一点就是我能够很坦诚地跟孩子道歉,从来不会顾及自己的面子问题。我想,这可能跟我自身的成长经历有关。

我的父母都是比较开明的人。我也忘了自己具体是在几岁，只记得当时父亲带我经过一条路，我们同时指着路牌上的字念，但是我跟父亲念的读音却完全不同，我坚持说自己是对的，但是父亲说："我一个大人还没你一个孩子识字多吗？"

我很不服气，觉得父亲有些蛮横。但是隔了一天后，我放学一进家，就看到父亲站在门口等我，见到我的第一句话就是："宝贝女儿对不起，爸爸得向你承认错误，那天那个字确实是你念对了，我错了。"

当时被父亲训斥的不快我早就已经忘记了，但是父亲居然还为此去查字典，知道自己错了后，还郑重其事地向我道歉。那个场面，令我至今难忘。

从那以后，我就知道了：主动道歉的父母，不仅给孩子树立起知错就改的榜样，同时也能赢得孩子真正的尊敬。

人非圣贤，孰能无过。知错就改，善莫大焉。人生在世没有不犯错的，但犯了错，就要有勇气去承认并改正错误。可现实中，很多父母犯了错误不愿意在孩子面前承认，因为在他们眼中，孩子还小，什么都不懂，道不道歉都没有区别。

但实际上，孩子虽然年龄小，心里却清楚得很，父母做了什么让他们感到委屈，父母又做了什么让他们感到释怀，他们都会记在心里。孩子又都十分善于模仿，很多孩子长大以后犯了错却不愿意承认，跟父母从来不愿意主动跟他们道歉有很大的关系。

因此，我们若做错了事，就要敢于在孩子面前承认错误。让孩子知道什么是对的，什么是错的，错了以后又该怎样去做。

很多父母在跟孩子交流时，都是以居高临下的姿态进行，习惯了这种姿态后，在给孩子道歉时也是这样。

我曾经在公园看到过这样一幕：父子俩面对面站着，孩子低着头，父亲也低着头。父亲说："爸爸错了，你别生气了，我们赶紧回家吧！"孩子仍旧低着头，不为所动，父亲又说了什么，孩子还是无动于衷，父亲便一把拉过孩子，在孩子的哭闹声中，硬是将孩子塞进了车后座里。

这个父亲全程没有蹲下来看着孩子的眼睛说话，一直都是高高在上的态度，从道歉的话语中听不到一丝真诚的情感，让我这个外人听来，更像是父亲急着回家，不得不用道歉的方式让孩子屈服于他。

向孩子道歉时，首先要蹲下来，看着孩子的眼睛，这样我们才能看到孩子的反应，更因为只有这样，孩子才能感受到来自父母真诚的歉意。

有的家长很有意思,批评孩子时常说孩子"屡教不改",而自己也是个"屡教不改"的典型。其实认错并不难,一句"对不起"而已,才短短三个字,难的是知错后能改正。

有一个爸爸,因为工作加班忘记了时间,导致孩子在幼儿园滞留了一个多小时。见到孩子后,他很真诚地跟孩子说:"宝贝对不起,爸爸迟到了,下次爸爸一定注意。"孩子听了,很大度地原谅了爸爸。

结果下一次,这个爸爸又因为其他事情,将接孩子的事情抛到了脑后。这一次,当他再向孩子道歉时,孩子不再轻易原谅他了,孩子说:"你上次就说不会再迟到了,结果又迟到了,我不相信你了。"

我们跟孩子道歉,目的并不仅仅是征求孩子的原谅,也不仅仅是疏导孩子的情绪,更重要的是我们能够真正认识到自己的错误,并且以后不再犯了。同时,也让孩子知道这个道理:道歉的目的除了求得原谅外,还有警示自己不要再犯同样的错误。

第 3 章
打下健康亲子关系的基础

所谓"亲子关系",是指父母与孩子之间的关系。亲子关系是最重要的生命关系之一,它关系到孩子的成长、父母的健康、家庭的幸福。家庭教育的成败,取决于亲子关系是否和谐。和谐的亲子关系是孩子幸福一生的奠基石,不和谐的亲子关系则会影响孩子的一生。

认可孩子，不苛求不责备

现实生活中，有很多父母为了让孩子能够早日成才，提出了"高标准，严要求"的硬性规定。他们担心自己一旦放松要求，孩子就会走下坡路。其实，这是一种非常错误的教育观念。父母的苛求与责备，只会让孩子产生较大的心理压力，进而会产生逆反心理，这对孩子的成长十分不利。一位心理专家曾说过："无论你多么小心，你的孩子都会留下一些心灵创伤。"所以，作为父母，我们应尽量不去苛求与责备孩子。

小新的爸爸是一位主持人。爸爸从小就喜欢朗读诗歌，阅读美文，长大后，便选择了做主持人。结婚之后，很快有了小新。小新的爸爸总觉得小新会遗传自己的优秀基因，也一定具有主持方面的天赋。

所以，爸爸从小新懂事开始，就为小新买了与"唐诗宋

词"相关的读物，每天领着孩子朗读背诵。但小新正是贪玩的时候，根本就没什么心思朗读背诵这些不太懂的东西。每一次，爸爸带着小新朗读时，小新都是心不在焉的，更不要说会背诵了，但爸爸觉得小新仅仅只是不用心而已，于是，爸爸更是铆足了劲儿让孩子坚持朗读背诵。

到小新上小学时，爸爸还为他买了《小学生必背古诗词》之类的书。小新看到之后，开始犯愁，以至于每次只要一看到古诗词就反感，在家里也是，在学校里也是，尤其是每次考试答题时，遇到古诗词的题，脑子里都是空白，答不上来。小新的表现让爸爸非常失望。小新学习中一次次的躲避，换来的是爸爸一次次的责备，有的时候，爸爸也会反问自己，是自己对孩子苛求了吗？

如今，小新已经是一名初中生了，他和爸爸很少沟通，甚至可以说,他和爸爸没有任何沟通。看到小新对自己的态度,爸爸后悔了,他好想小新能像小时候一样,有什么话都和爸爸说,做什么事都征求爸爸的意见。爸爸到现在才明白,自己过去对小新的苛求,换来的是孩子对自己的日渐疏远。

像小新的爸爸一样,有些父母总认为孩子拥有和自己一样的优点,他们难以接受孩子在这方面的普通表现。父母用家长权威强迫孩子按照自己的想法去做事。然而,他们的做法无疑是在抹杀孩子的个性、消耗孩子的自信心,让孩子丝毫感觉不到父母的关心和鼓励。这样的教育方式对孩子的成长会产生非常严重的负面影响,孩子遇见什么事都会习惯性地询问父母的意见,不利于他的自信心和独立意识的建立。孩子害怕得到父母对自己的否定,更渴望得到积极正面的认可。有时候不是孩子不够优秀,而是父母的要求太高,父母不愿降低自己对孩子的心理预期。所以,父母不要苛求孩子一定要去做什么,也不要在孩子没有满足你的心理预期时去责备孩子。

小聪的爸爸和妈妈是同一所大学的老师,他们在家教方面给予孩子的是"自由"。小聪上幼儿园时,喜欢画画,爸爸妈妈就带他去画画。上小学时，看到小聪的同班同学都在补习班上课，爸爸妈妈也不苛求孩子一定要上补习班，只要小聪愿意，他们就为孩子报名；如果不愿意，他们从来都不强迫他上。

小聪在上大学之前，已经选好了自己心仪的学校。其实爸爸妈妈工作的这所学校就不错，但是小聪却不愿意，因为他的心早已飞到了另一所大学。对此，爸爸妈妈能够理解他，也给予他鼓励，还帮助小聪分析报考信息，和孩子一起填志愿。

爸爸妈妈都很尊重小聪，为他指导人生的方向，只要他的选择是正确的，是他自己喜欢的，爸爸妈妈就会一百个赞成。一家人在一起时，总是其乐融融的，别提有多开心了。小聪觉得自己很快乐、很幸福，爸爸妈妈也觉得他们有一个幸福快乐的家，他们有一个好孩子，一个积极上进的孩子。而这一切皆是因为爸爸妈妈的不苛求，在尊重孩子的个性的同时，让孩子得到了更好的成长。

小聪的父母在孩子成长和学习上的态度是明智的，他们家的亲子关系也是非常和谐的。爱因斯坦说："每个人都是天才。但如果你用爬树能力来断定一条鱼有多少才干，它整个人生都会相信自己愚蠢不堪。"每个人都是独一无二的，因此，不要强迫孩子成为一条奋力爬树的鱼。如果你不幸那样去做了，那是因为你用错了评判的工具。父母要善于发现孩子的优点，让孩子将身上的闪光点放射出来，这样，他才会是快乐的，父母才会是幸福的。要让孩子在快乐中成长，在自我的探索中成长，这样家长和孩子在构建和谐亲子关系的道路上才会一帆风顺。

包容孩子，知错就改就是好孩子

世上没有不犯错误的孩子。孩子不小心犯了错，只要意识到自己的错误，并懂得改正，父母就应该包容他，并接受他的错误，鼓励他知错就改的行为。然而有很多父母对孩子要求过于严格，不容许孩子犯错，但凡孩子犯了错，父母就会指责、谩骂。其实，很多时候孩子犯了错，心中原本就很自责和内疚，如果父母再用这种态度对待孩子，就会让孩子受伤的心灵雪上加霜，最终导致孩子无法面对自己的错误。换言之，父母对于知错就改的孩子，应该给予关怀，给予鼓励，这样就会让孩子变得更加积极向上。

小彤是一名六年级的学生，他在学校上卫生间时看到有个别同学在偷偷吸烟，当时就觉得很好奇，心中就想："吸烟究竟是什么感觉呢？连爸爸也那么喜欢吸烟。"

周末，小彤看到爸爸放在了茶几上的香烟，虽然他知道吸烟是不好的，但耐不住自己内心的好奇，于是趁爸爸妈妈都不在家时，他就从烟盒里抽出了一支烟，点燃后吸了起来。刚吸了一口，他就"咳咳咳"地咳嗽了起来。说来也凑巧，就在这时，爸爸回来了，他一推开门，看到了小彤的手中正拿着一支点燃的烟。而这时的小彤，突然看到爸爸之后，就赶忙说："爸爸，对不起，我下次再也不吸烟了！"

爸爸看到小彤竟然偷偷吸烟，非常生气，他并没有听小彤的解释，而是严厉地指责小彤。受到责备的小彤心里感到很委屈："我都已经承认了错误，爸爸为什么还要不停地唠叨呢？"看到爸爸对自己这样的态度，小彤也很生气，他觉得很没有面子，也很生气，于是拿起自己的外套，摔门而出。他不想听到爸爸无休止的唠叨，他觉得爸爸对自己没有一丝的信任。

小彤模仿同学吸烟固然不好，但是爸爸带着情绪去指责，很可能让处于叛逆期的孩子和家长对着干。孩子都有好奇心，有时他明明知道做某件事是错误的，但还是忍不住去尝试。当孩子在尝试中得到了教训，并积极改正，就足以证明他已经认识到了自己的错误。作为父母，面对孩子所犯的错误，首先要做的是纠正孩子的错误，并帮助他加以改正。比如要了解孩子为什么会吸烟,这种"了解"不是去质问,而是要向孩子说明"吸烟有害健康"的道理,同时,家长要注意自己的行为。父母要对孩子有更多的包容,要有更多的耐心,要以平和的态度对待孩子。

小旭是一名三年级的学生,他特别喜欢收集卡片。这天,小旭将自己的卡片展示给同学看时,被一名调皮的同学抢去了一张,要知道,那张卡片可是小旭最喜欢的,因为碍于面子,小旭没有向同学要回卡片。

回到家之后,他想要再买一张一样的卡片,于是就跟爸爸要零花钱。而爸爸并没有问明缘由,他只觉得小旭的卡片已经够多了,不需要再买了。小旭听爸爸这么说,有点儿垂头丧气了。就在这时,他看到爸爸桌子上放着20元钱,于是他就想:"爸爸一定不知道这里放了钱,我拿着这些钱去买卡片就好了!"

这么想着,小旭就悄悄地将手伸到桌子上,把钱装到了兜里。不过,他的神色却很慌张,爸爸看到了小旭的异常举动,就问道:"你怎么回事啊?慌里慌张的?"小旭"哇"地一声哭了,并说着:"爸爸,对不起,没有经过您的允许,我把桌子上的钱装到了自己的兜里。"爸爸觉得,小旭做错了事能说出来，就很棒。他安慰了小旭之后，就和小旭说明了不给他零花钱的缘由。小旭听了连连点头，他也发自内心地认识到了自己的错误，他十分感谢爸爸能懂自己。

　　小旭跟爸爸要零花钱，爸爸不知道缘由没给他，所以他偷拿了。当孩子偷拿了父母的钱后，父母不要急于上纲上线，认为孩子变坏了而去教训孩子，孩子现在偷拿家里的钱不等于将来就会成为"惯犯"。只要进行正确的引导，绝大多数的孩子都会改掉偷拿的习惯。当孩子犯错的时候，家长要相信自己的孩子，耐心问明原因，以包容的态度接纳和安慰孩子。父母包容孩子，就是当孩子犯错的时候，让他深刻认识到自己的错误，并教会孩子学会换位思考，鼓励孩子勇于承担后果，给予孩子适度的惩罚与表扬。

信任孩子，告诉他可以做到更好

家庭教育中父母要信任孩子，孩子也需要父母的信任，很多家庭教育矛盾都源于家长与孩子之间的不信任。对于孩子来说，父母的信任是一种神奇的力量。在孩子长大成人之前，父母是孩子唯一的社会关系，所以父母的信任对孩子来说是至关重要的。父母的不信任会让孩子没有安全感，做什么事情都没有自信，甚至会引起孩子的逆反心理。

红红今年上小学二年级，学习成绩一般。平时，爸爸总是对红红说："看看，连这道题都不会，都已经给你讲了多少遍了！算了，反正你也考不出什么好成绩，就这样吧！"红红很想在爸爸妈妈面前证明自己，就开始努力。第一个学期的期末考试，红红考试成绩还不错，数学92分，语文88分，爸爸看到红红的成绩，首先说出的一句话就是："红红，这分是你自己考的吗？你可不许抄别人的啊。"

红红原本以为爸爸会夸赞自己，肯定自己的努力，但爸爸却说出了这样的话，这明明就是不信任自己的表现。红红小脸憋得通红，理直气壮地跟爸爸说："我考试的时候，没有抄任何人的卷子，是我凭自己的本事考出来的。"她对爸爸说的时候，爸爸见此情景，觉得红红是在狡辩，他盯着红红看的时候，眼中带着满满的怀疑。

这之后，红红考试成绩又回到了平常，因为她觉得自己无论怎样努力，爸爸都是看不到的，也不会相信和认可自己。爸爸对自己的不信任，让红红非常难过。她在班里有个好朋友，叫小青，也是她的同桌，两人相处得非常好。红红就将自己的心思告诉了小青，她说："没有爸爸的鼓励，没有爸爸的信任，没有爸爸的认可，我觉得自己做什么都毫无意义，一点儿动力都没有。"

随着时间的流逝，红红在一天天长大，因为爸爸不信任自己，她也开始不信任爸爸，不会和爸爸讲自己在学校里发生的事情，不会和爸爸外出游玩，更不会请教爸爸学习上的事，因为，她觉得爸爸凡事都不会相信自己。

爸爸的不信任导致红红不再信任爸爸。当家长的一些言语和行为，让孩子感到自己不被信任时，他会认为自己失去了父母的关爱。亲子之间的沟通是建立在信任的基础上的，而孩子需要先被父母理解之后才会信任家长。孩子不愿意跟父母沟通，并不是因为父母无法解决孩子面临的问题，而是因为父母总是不相信孩子的话，所以干脆就不告诉他们。当孩子遇到挫折时，得到了父母的信任，他们才有勇气继续向前。当父母看到孩子十分努力、用心在做事的时候，一定要适时地给予鼓励，让孩子知道父母看到了他努力的过程，这样孩子做事才会越来越有动力。

小珊是一名初二的学生，生理与心理处于快速生长阶段，心智还未成熟，和同龄孩子一样，她觉得自己已经长大了，一些事情不需要父母的干预了。这时，老师举办了一次家长会，需要家长配合了解孩子的学习情况和交友情况，以及平时的上网情况，并给予监督。

家长会结束后，一些家长回到家为了了解孩子，就私自翻看孩子的日记本，悄悄打开孩子的手机。孩子们对家长的这种行为开始抱怨，表示不满。而小珊的爸爸却没有这么做，因为他相信自己的女儿。一直以来，他都教育小珊，要学会交朋友，要与朋友真诚相处、共同进步。小珊会带自己的好朋友回家，孩子们也都很有礼貌，大家吃了饭后会一起坐下来讨论问题。基于对女儿的信任，爸爸没有去干预小珊的交友情况。如今是网络时代，孩子上网是一件很正常的事情，爸爸也允许小珊上网。在小珊刚刚接触网络时，爸爸就和小珊确定了上网的时间，以及该如何上网，小珊也都一一履行了。在小珊整个上网过程中，爸爸从未干预她，小珊也很自觉。

所以，小珊的爸爸觉得，孩子应该得到尊重，他应该信任小珊，尊重小珊，这样，孩子才会变得越来越优秀。

小珊和爸爸之间做到了相互信任和尊重。信任是孩子成长学习过程中不可或缺的支持力量。父母信任孩子，首先，就要肯定孩子的能力。每个孩子都有自己的优点，父母要给予肯定，有了父母的正面激励，孩子学习或做事的时候，就会变得积极向上。其次，要尊重和理解孩子的选择。父母应该多听一听孩子的心声,尊重他的意见,让他感受到来自父母的关爱。最后,要尊重孩子的隐私权,让孩子拥有自己的空间,不被父母打扰。只有感受到父母对自己的信任,孩子才会更信任父母。但是信任并不等于放任,父母一定掌握好那个度。

陪伴孩子，让孩子感受家的温暖

心理学家李玫瑾曾说过："孩子需要父母的陪伴，陪伴过程中产生的亲子之间的依恋关系就是父母以后教育孩子的资本。"父母的陪伴是孩子成长过程中极为关键的支撑力量，因为父母的陪伴可以缓解孩子的压力，可以帮助孩子提升自信心。有了父母的鼓励，孩子遇到问题时，能够坦然面对，长大以后也能更好地应对社会上的挑战。

多多的爸爸妈妈整天都忙于工作，他们也很爱多多，他们辛勤地工作，就是为了能给多多带来更好的生活。他们总是不停地为多多买这买那，但凡孩子需要的，他们都会买。多多什么都不缺，但唯一缺少的就是爸爸妈妈的陪伴。

多多写作业的时候，爸爸妈妈不在身边，她有不懂的问题，只能空在那里。学校每次开家长会的时候，爸爸妈妈都缺席，看到同学和爸爸妈妈有说有笑的，多多不知道有多羡慕。星期天，同学们都跟着爸爸妈妈外出游玩，多多则一个人去参加各种训练营，没有爸爸妈妈的陪伴，多多觉得好孤独。

一直以来，多多都有一个愿望，就是希望爸爸妈妈能腾出时间来陪伴自己。平时，多多将爸爸妈妈给自己的钱都攒了起来。一天，她拿出了自己存钱罐里的钱，对爸爸说："爸爸，给！"这让爸爸一头雾水，他问多多为什么要给自己钱。多多说："我想买你和妈妈的时间，我想你们陪我，我想你们像别的小朋友的爸爸妈妈陪他们那样陪伴我。"

爸爸看到多多的举动，顿时明白了，原来，多多需要的是爸爸妈妈的陪伴。

多多想用零花钱来买父母陪伴自己的时间，作为父母，从这个案例中你又想到了什么呢？一个温暖的家庭培养出的孩子一定会很优秀，当孩子感受到来自父母的爱时，就会朝着父母所希望的方向健康成长。父母在孩子成长的过程中，送给孩子最好的礼物就是陪伴。对于年龄小的孩子而言，父母的陪伴能够给他带来安全感，给予他心灵抚慰，并为他的健康成长提供正确的引导。对于青少年而言，父母的陪伴能够让他感受到父母的关怀，从而稳定他的情绪。

小新的爸爸在孩子成长的过程中从未缺席。小新小的时候在小区里跟小朋友玩，爸爸会陪着小新，默默地坐在旁边，看着小新玩。有的时候，爸爸看到孩子们玩得开心时，还会加入他们，带着孩子们一起玩。

小新学习的时候，爸爸总会陪在小新旁边，孩子遇到难题时，爸爸和小新一起查资料，一起讨论。小新因为有了爸爸的陪伴，学习很有动力。为了让孩子有个健康的体魄，爸爸每天早上和小新一起起床，带着他一起跑步。爸爸每天都按时送小新上下学，晚上到了该休息时，爸爸会按时提醒小新。

在爸爸的陪伴下，小新的学习成绩一直很好，同时小新也很懂事，他感谢爸爸这么多年对自己的关心和爱护，从内心深处感受到了来自爸爸的爱。

小新的爸爸在陪伴孩子方面做得很到位。陪伴不只是一种形式，而是要参与孩子的成长过程中，因为"陪着"并不等于"陪伴"，相比于形式上的无用无效的陪伴，心灵的陪伴往往更重要。父母陪伴孩子，就要认真倾听孩子的心声，做孩子的倾听者；就要和孩子一起承担责任，一起完成一件事；就要多了解孩子的喜好，拉近与孩子之间的距离，让孩子健康地成长。父母在陪伴孩子的时候，不要将自己视为高高在上的权威者，而应该与孩子建立一种平等的关系，在陪伴的过程中与他一起度过美好的亲子时光。

平等交流，让孩子感受到尊重

英国著名教育家赫伯特·斯宾塞曾说过："沟通不是在任何人之间都能实现的。父母只有放下架子，做孩子的知心人，才能实现最成功的沟通。"许多父母在与孩子沟通的过程中，并没有真正地平等对待孩子，所以孩子也很难平等地与他们进行交流。父母放下架子，蹲下来与孩子进行平等沟通，不仅可以促进亲子关系和谐发展，也能让对孩子的教育变得更为轻松。

最近，小吴的爸爸因小吴迷恋上了游戏而头疼。爸爸和妈妈都制止过小吴，但小吴现在却已到了痴迷的状态，不管爸爸妈妈跟他说什么，他就是不听。

小吴迷恋上游戏之前，学习成绩不怎么好。爸爸想要让小吴有个好成绩，于是每天都督促孩子不停地学习。爸爸总会对小吴说："来，该写作业了，今天必须完成老师留的所有作业。"但孩子心想:"这是两天的作业,一天怎么能写得完?"可他每次看到爸爸咄咄逼人的样子,想要为自己辩解,却怎么都说不出来。

爸爸总是以这种方式来逼小吴学习,使得小吴渐渐对学习失去了兴趣,每当爸爸妈妈不在身边时,他就悄悄玩起了游戏。他不喜欢将自己的心里话告诉爸爸妈妈,就以游戏为寄托,就这样,慢慢地迷恋上了游戏。

之后,不管爸爸妈妈跟自己以什么样的方式交流,小吴都一副满不在乎的样子,一心只想着玩游戏,将他们的话和学习都抛之脑后。

很多父母像小吴的父母一样,他们只会使用家长权威,从不关心孩子内心的想法,孩子自然也不愿意再让父母走进自己的内心世界，这就是因为沟通出现了问题。要想与孩子进行平等的交流，尽量要与孩子保持人格上的平等，这是父母与孩子进行平等交流的前提。人格上的平等主要体现在尊重孩子方面。在孩子犯错误时宽容，在孩子做事的时候把他当作大人。孩子需要尊重，如果他们在大人面前总没有平等对话的机会，总是被动地接受父母的管束，有话不能说，有意见不敢提，那么久而久之他们连自己的想法也不敢、也不愿与父母交流了。父母与孩子交流，平等的态度尤为重要。如果孩子感受到了自己被父母尊重，就会对父母敞开心扉。

  星期天，小帅写完了作业，爸爸就带着他来到公园和小朋友们一起比赛踢足球。

  孩子们玩得非常开心。就在这时，小帅一不小心摔倒了，他的膝盖也摔伤了。爸爸看到小帅摔倒之后，连忙走过去蹲下来，把小帅扶了起来。小帅看到自己的伤口，眼中含着泪，爸爸看到之后，却很淡定地对孩子说："男子汉，要坚强，一点儿小伤，不碍事。走，爸爸带你去处理一下伤口就没事了，看样子不会留下伤疤。"

  小帅听爸爸这么说，感觉伤口也没有那么疼了。这时，小朋友们纷纷过来安慰小帅，有的孩子问他："疼不疼？"有的孩子说："还可以坚持吗？"有的孩子说："小帅，赶快去医院包扎一下吧！"小帅却很惭愧，他觉得是自己的原因让游戏中止了，很对不起自己的队员。

爸爸看出了小帅的心思，于是说："小帅不要伤心，所有的小朋友都觉得你努力了，你已经很棒了！即便没有踢完比赛也没有关系，爸爸还是为你感到骄傲！"

听到爸爸的鼓励，小帅心里开心极了，刚刚还因为伤口疼想哭呢，现在，一点儿都不难过了。他只希望自己的伤赶快好起来，再次和小朋友们一起踢球。爸爸说话的语气和方式让小帅的心里很感动，他觉得爸爸以一种平等的视角鼓励自己，没有责备也没有唠叨，他感受到了爸爸给予自己的关心和尊重。

作为父母，在教育孩子的过程中，我们要向小帅的父母学习，对待孩子要像对待朋友一样，这样才能建立平等沟通的桥梁。父母与孩子之间要实现平等交流，应该学会倾听孩子的想法。在与孩子交流时，父母要放下手中的工作，让孩子感受到你是在乎他的。当孩子倾诉完了之后，父母要做出回应，对孩子讲出自己的真实感受。同时，要找准谈话时机，把握好谈话内容，让孩子体会到与父母交流时的轻松愉悦。当孩子遇到解决不了的事情时，父母要与孩子一起承担，共同寻找解决问题的办法。这样，让孩子感受到来自父母的尊重，孩子会以更加乐观的态度面对生活。

安慰孩子,做孩子的坚强后盾

《人民日报》曾刊登一篇文章,文章中有这样一段话:"教育好自己的孩子,不是只有老师的事,更是你这辈子最重要的事业。"学校再好,老师再好,在孩子心目中也永远替代不了父母的位置。孩子在成长的道路上会遇到各种各样的问题,他会困惑,会迷茫,甚至会逃避,父母要做孩子的坚强后盾,让孩子在奔向人生战场的路上没有后顾之忧。面对困难与挫折,只要父母给予足够的支持与鼓励,孩子就能坦然面对挑战与失败。哪怕失败了,他也会在父母的鼓励与支持下,重拾自信,继续前行。

萌萌今年上初三了,因为面临着升学压力,所以她每天晚上都会学习到很晚,可每到睡觉时,她都翻来覆去睡不着。爸爸认真观察了一段时间,发现萌萌时常焦虑不安,也很在乎自己的成绩,每次成绩不理想时,她就会在自己的房间里偷偷抹眼泪。

萌萌的表现让爸爸很是心疼,他要帮助萌萌走出困境。于是,爸爸就想利用星期天的时间,带着萌萌去公园散步。一开始,萌萌是拒绝的,因为她想利用这个时间学习。这时,爸爸对萌萌说:"你已经写了那么长时间了,出去散散步,也不会耽误很长时间的。"萌萌点了点头。

爸爸和萌萌来到公园,父女俩坐在了秋千上,萌萌带着郁闷的神情对爸爸说:"爸爸,我努力了,成绩怎么总是上不去呢?我好想考出心目中的理想成绩。"爸爸回答道:"萌萌,你已经努力了,在爸爸看来,你已经很棒了,相信用不了多长时间,你的成绩就会突飞猛进。"爸爸接着对萌萌说:"有的时候,放下心中的负担,学习起来,反而要轻松很多。"爸爸安慰萌萌时语气平和,很放松,萌萌觉得,和爸爸聊天简直就是一种享受。从这一刻起,她开始慢慢放下心中的负担,带着愉悦的心情去学习。

现在,萌萌开始和家人有说有笑,变得乐观了,她的成绩也提高了。

萌萌的爸爸善于观察孩子的变化,并且积极引导萌萌走出心灵的焦虑。当孩子面对挫折与失败时,父母一定要适时安慰孩子，引导孩子，在给予他心灵慰藉的同时，让他明白应该如何应对遇到的问题。父母的安慰对孩子来说是一种精神慰藉，孩子得到了体谅，受到了鼓舞，才能获得做事或学习的动力。平时，父母要认真观察孩子的状态，一旦发现问题，就要及时解决。要给孩子提供建设性的建议，引导他正确解决难题，鼓励他勇敢克服困难。

星期天，爸爸带着果果去游乐场玩。游乐场里有旋转小木马，中间还有果果最喜欢的芭比娃娃。果果一进入游乐场，就没有挪过地方，一会儿摸摸芭比娃娃，一会儿坐在旋转木马上，玩得特别开心。

不知不觉中，天就要黑了，爸爸告诉果果要回家了，果果就开始大哭大闹了起来，她舍不得走，还想再玩一会儿。爸爸看到果果哭得非常伤心，就对她说："果果，你喜欢这里，不舍得走，不舍得芭比娃娃，不舍得旋转木马，对吗？"

果果点了点头，对爸爸说："爸爸，我不想回家，还想玩。"爸爸说："嗯，爸爸知道果果还想玩，你玩得很开心，可这时候你要离开了，就感到很伤心，对不对？"果果说："是的，我好喜欢这里。"爸爸说："爸爸知道果果喜欢这里，但是，现在，我们必须要走了，到了回家的时候了，而且这里工作的叔叔阿姨马上就要下班了。果果去和芭比娃娃,还有旋转木马说'再见'吧!有机会,爸爸还会带果果来这里,可以吗?"

果果听爸爸这么说,点了点头,跟自己心爱的"好朋友"道了别,就和爸爸一起回家了。

果果玩游戏入了迷,天黑了也不愿意回家,爸爸一催促,她就开始大哭大闹起来。后来有了爸爸的安慰,果果没有那么伤心了,她反而懵懵懂懂地懂得了做事要有时间观念,要体谅别人。孩子在自己的成长道路上有时候会迷失方向,无法控制自己的情绪,父母就要及时察觉,以正确的方式安慰孩子。父母安慰孩子时,应该先调整好自己的心态,控制好自己的情绪,不能让自己的负面情绪影响到孩子。父母的安慰是正向积极的,孩子才能变得更加积极向上。

第4章
保护孩子的探索精神

在孩子的精神世界中，他们渴望成为一个发现者、研究者和探寻者。孩子天生喜欢探索世界，有强烈的好奇和尝试的渴望，这使孩子从幼年时期就拥有了探索实践的行为。如果父母为孩子的探索精神提供了养分，那孩子的探索需求就会像雨后的麦苗般茁壮成长，求知的兴趣火焰也会越燃越旺。当孩子睁大眼睛去观察，伸出小手去触碰，开动脑筋去思考，提出无穷无尽的问题时，内驱力也在一点一点地觉醒。

用"为什么"启动孩子的大脑思考装置

爱玩好动、对新鲜事物充满好奇心是每个孩子的天性，是每个孩子不断学习与探索的原动力。瓦特看到水烧开形成的蒸汽，产生了好奇心，经过不懈的思考，发明了第一台蒸汽机；牛顿看到落地的苹果，充满了好奇心，经过冥思苦想，发现了万有引力定律。

好奇心就像一种神奇的能力，它吸引着孩子对新奇的事物产生思考，不断提出"为什么"，并为了寻找答案而不断进行探索。身为父母，我们要保护好孩子的这份好奇心，让孩子的成长空间更加宽阔一些，让他们的未来充满更多的可能性。

我家大女儿刚学会走路的时候，经常围着茶几转，因为茶几可以很好地辅助她走路。有一次，我坐在茶几旁一边剥蒜，一边看着她，同时一边看着电视。我看着电视渐渐就入了迷，

等回过神来的时候,发现她不知道什么时候把我放蒜皮的塑料袋拿走了,正一把一把地把蒜皮掏出来。

这要是都掏出来,蒜皮岂不是要"飞"得到处都是吗?我正想伸手阻止她,却发现她似乎在研究什么。只见她抓了一把蒜皮出来,然后将手举得高高的,接着松手,蒜皮纷纷扬扬地落下来,而她的眼睛就一眨也不眨地盯着看,直到最后一片蒜皮落下,她才接着去抓第二把。

我一下子明白了,她不是在故意捣乱,而是发现了"新大陆",那就是蒜皮会"飞"。我庆幸自己"晚"了一步,没有阻止女儿的行为,否则一定会"错怪"孩子淘气。

女儿发现了我在看她后,立刻兴奋地向我展示她的新发现。我趁着那个机会,顺便教了她几种蒜皮的新玩法,比如,她站在茶几的一边,我站在茶几的另一边,我用力将蒜皮吹向她,她再用力将蒜皮吹向我;或是我们站在同一边,比赛谁吹蒜皮吹得更远……

那天虽然我们将蒜皮吹得到处都是，收拾起来也费了一番功夫，但我觉得很值。我深信那一次的游戏给她留下了深刻的印象。后来在她的成长足迹中，她试过让很多东西飞上天，比如，塑料袋、羽毛、棉絮、蒲公英等。

一个人能得以不断地成长，很大原因是有好奇心的存在，好奇心是知识的萌芽，那些成大家的科学家、艺术家或者其他领域的杰出人物几乎都是好奇心很重的大孩子、老顽童。

因此，当孩子总是追着我们问"为什么"时，我们不要觉得烦躁，应该感到欣慰，因为我们的孩子是一个好奇心旺盛的小孩儿，他们充满了求知欲。作为家长，我们要及时给好奇的宝宝们供给"养料"，让孩子的求知兴趣得以滋长，并能够进一步转换成学习与探索的动力。

说到这里，可能有家长会发愁，很多家长不是不想保护孩子的好奇心，而是实在不知道该怎么应对孩子那"十万个为什么"，毕竟孩子的"十万个为什么"范围要远远大于书本中的"十万个为什么"。其实，保护孩子的好奇心，并不意味着我们要完美地回答孩子所有的问题，我们向孩子展示的，是我们的态度，而非知识量。

我们可以回答不出来孩子的问题，但是一定要用认真的态度去对待孩子的问题。如果问题正好是我们擅长的，那我们就要拿出耐心来给孩子讲解，或是引导孩子自己去探索答案。对于比较复杂的、难以用言语解释清楚的问题，我们可以陪着孩子做做实验，在动手的过程中，让知识得以延伸，让孩子获得更多学习的快乐。

如果我们无法回答孩子的问题，那也要让孩子知道，爸爸妈妈很重视他们的问题，并且十分欣赏他们这种善于发现问题、提出问题的能力，然后明确地向孩子表示，这个问题爸爸妈妈也不太了解，但愿意跟孩子一起去寻找答案。

在对待孩子爱发问这件事上，最忌讳的就是表现出不耐烦和忽略的态度，这会让孩子在面对问题时，不愿意进行思考，这对孩子好奇心的发展十分不利。

很多家长在与孩子交流时，喜欢用"命令"的语气，比如，当孩子站在门外时，父母会说："站在外面不冷吗？赶紧进来！"表面上父母在询问孩子是否感觉冷，实际上父母的语言中已经包含了答案，那就是"外面冷，赶紧进来"。看似在询问，实际在命令。

而这种沟通方式，会随着孩子的成长渐渐被孩子讨厌，使孩子不愿意与父母交流。与命令式交流相反的方式，是"启发性交流"，即让孩子参与解决问题中。比如，当孩子站在门外时，我们可以说："你觉得外面冷吗？要不要选择一个暖和点的地方待着？"

同样的场景，意思相似的问话，后者却能够启发孩子自己去思考问题，并引导孩子去解决这个问题。孩子或许不能像大人一样，在第一时间意识到自己的错误，或是哪里出了问题，但是他们能够通过思考认识到错误，找到问题的根源，这要比父母直接告诉他们答案，让他们印象更加深刻。

孩子的好奇心可以被父母的无知摧毁，也可以被父母的爱心培养出来。多鼓励孩子问"为什么"，多启发孩子思考，多引导孩子去看、去听、去闻、去思。当孩子的好奇心越来越旺盛时，不用父母催促和管教，孩子就会自主地去学习了。

支持孩子大胆尝试，培养孩子的冒险精神

俗话说："抱大的孩子不会走。"在大部分父母眼中，尝试是冒险的开始，冒险就意味着危险和失败，因此，父母总是阻止孩子进行各种尝试。如果孩子在成长的过程中，没有大胆探索的经历，缺少勇敢尝试的机会，那么孩子的内驱力就如同在体内做"困兽之斗"，无法找到发挥的突破口。

在一次聚会上，朋友海旭将他 5 岁多的儿子也带来了。海旭年近 40 岁才有了这么一个儿子，全家都将他捧在手心里护着。

聚会那天，大人们都坐在客厅里聊天喝茶，孩子们就聚在一起跑来跑去。因为海旭的儿子最小，孩子们对他很是照顾。但尽管这样，海旭还是不放心，一直跟在儿子的身后。儿子想跟哥哥姐姐们一起玩儿，刚跑起来，海旭就将儿子一把拉住，

说:"不要跑,小心摔倒。"

过了一会儿,儿子伸手就去拿桌子上的玻璃杯,海旭连忙抢先一步将水杯拿走,说:"里面的水烫,不能摸。"儿子又去拿茶几上的水果叉,海旭看到后一脸惊恐,赶紧从儿子手中夺过来,说:"你要吃什么跟爸爸说,爸爸帮你叉。你不能用这个叉子,会插到嘴。"

其间,海旭要去卫生间,不放心儿子一个人在外面待着,便嘱咐我帮忙看着。海旭走了以后,小家伙又想吃水果了,只见他小心翼翼地拿起水果叉,准确无误地叉起一片苹果,然后毫无偏差地放进了自己的嘴里。紧接着,第二块儿,第三块儿……吃起来"从容不迫",从头至尾,都没有扎到嘴。可见,根本不是孩子什么都不会,而是大人认为孩子什么都不会。

父母总认为孩子还小,什么也做不来,时刻需要父母的呵护。因此,父母就变成了"保镖",恨不得24小时守在孩子身边,将一切危险挡在孩子的身后。或许孩子会因此减少一些不必要的伤害,但同时也缺少了很多独自尝试的机会。而一个缺乏尝试机会的孩子,很容易墨守成规,不敢去体验陌生的事物,长大了很可能性格消极,依赖性强,意志薄弱,责任感差。

探索，几乎是孩子与生俱来的需求，这种需求使得孩子总会竭尽所能、集中精力去探索新事物。孩子的胆识和知识，都是靠着在生活中不断地"摸索"建立起来的。刚出生几个月的孩子就会津津有味地吮吸手指头；一两岁的时候，孩子开始探索别人的情绪，他通常会把一个东西故意扔地上，然后饶有兴致地看着大人会有什么反应；孩子到了三四岁后，会在玩耍中探索生命、家庭关系等深层次的问题……随着年龄的增长，孩子对事情有了更多的看法和理解，他们总是想按照自己的想法去做事情。

也许有些事情在父母的眼中很可笑，甚至父母已经提前预知了结果，但不要去阻止孩子的探索和尝试，因为只有真的尝试过了，他们才知道这个想法究竟是对是错。也只有亲自尝试过了，孩子才能获得生活的体验，从中感受到巨大的欢乐和成就感，从而更加热衷于探索和发现。

我们要保护好孩子的人身安全，但同时也要保护好孩子的探索欲望。在确保安全的前提下，尽量为孩子提供更多的探索体验。

记得我家小女儿 3 岁多的时候，特别喜欢自己搭配衣服。经常翻箱倒柜地找出一些她认为"漂亮"的衣服，套在自己的身上。

有一次，天气已经很冷了。她从衣帽间里翻出了我收纳好的夏季凉鞋，觉得凉鞋上面的小猫很好看，便穿在了脚上。等到我们要出门时，我打算给她换鞋，她说什么也不愿意，就是要穿着小猫的鞋子出门。

为了说服她，我特意让她看了看我穿的鞋子，还让她摸了摸厚度，告诉她说："现在外面冷，穿着这双鞋子出门，会将小脚丫冻坏的。"但她丝毫听不进去。最后，我只好拿出一个袋子，装上她的运动鞋，然后任由她穿着凉鞋出门了。

刚出门时，她还没有觉得冷，穿上那双凉鞋仿佛自己就是那条街最美的女孩儿，走路都带着"风"。但过了一会儿，她就觉出不对劲儿了，可怜兮兮地对我说："爸爸，冻脚。"

"那冻脚怎么办呀？"我故意问道。

"换鞋。"小女儿指着我手中的袋子说。

她倒是很机灵，看到我出门特意为她装了一双鞋子。

于是我赶紧蹲下给她换鞋，小脚丫果然冻得冰凉冰凉的。换好鞋以后，又走了一会儿，脚丫子暖和过来了，小女儿高兴地向我汇报道："爸爸，我的脚丫暖和了。"

第二天，她依旧很钟爱那双凉鞋，但是出门前却果断地换上了运动鞋。

我在一旁，连忙将"马屁"拍起来，"哎呀，宝宝真聪明，知道出门换鞋子了。"

她听了，一副小大人的语气对我说："外面冷，不能穿有窟窿的鞋子，会冻脚的。"

这不就是我昨天告诉她的话吗？怎么反过来成了她"教育"我的话了呢？可见，有时候父母的苦口婆心，不一定能够"忠言逆耳利于行"，很多都被孩子自动屏蔽了。只有他们自己通过实践得来的结论，才能深入他们的大脑。

因此，当孩子对冒险性的活动产生兴趣、想要进行探索时，父母要从容对待，并不失时机地给予肯定和赞赏。不要为了孩子的安全，就不许孩子去探索，不让他们去体验陌生的事物，那样孩子就会成为永远驶不出港口的"船"。

在保证孩子安全的前提下，我们要做一个爱的守望者和支持者，一边给孩子最好的守护，一边陪着孩子开启探索世界的奇妙之旅。父母的支持，会像一剂神奇的养料，给孩子走在未来成长之路的双脚，注入无限的动力。

自由的孩子，善于发现更广阔的世界

在我养育两个孩子的过程中，发现了一个有趣的现象，那就是明明为同一父母所生养，但老二却比老大更加机灵，更加会"审时度势"，在姐姐与妹妹的屡屡"交锋"中，小5岁的妹妹时常能够以"压倒式"的优势，"打败"姐姐。

而这个现象还出现在许多二胎家庭中，大部分老二都比老大更机灵。这里的机灵，并不是指智商上的差距，而是指在面对一个问题时，老二的心思更加活泛，并且能够为自己争取更大的利益。出现这种现象的原因，就在于那句在网络上流传甚广的话："一胎照书养，二胎照猪养。"

就拿我家来说吧，老大作为家里的第一个孩子，一出生就得到全家人的关注，所以老大的成长过程，一直都是"精养"。直到5岁，她的饭菜都是单独做，我们生怕大人的饭菜会不合她的胃口。无论是哪方面，我和孩子母亲都是一刻也不敢放松。

而老二是家里的第二个孩子，此时我已经过了初为人父时的那种激动，同时养育两个孩子，时常让我感到分身乏术，老大小时候哭上两声，就会立刻被抱起，但是到了老二这里，我的心理就变成了"先哭着吧，等我把饭吃完"。于是老二一直都是"放养"，只要别磕着碰着，健康快乐长大就行。

而老二们就在这样的放养中少长出了不少"心眼儿"，因为少了很多管教和约束，多了一些自由的空间，使老二们有更多的时间去探索周围的一切，也更懂得如何掌控自己。也因此，家里的老二看起来都比老大懂事，更加讨人喜爱，其实就是老二拥有了比老大更多的"自由"而已。

或许很多父母都没有意识到这个问题，认为自己已经给了孩子很多自由，买玩具时会让孩子选自己喜欢的，出去玩儿会选孩子想去的地方，但这些"自由"只是在父母允许下的自由，当孩子想做的事情不被父母允许的时候，孩子就失去了"自由"。

记得有一次去朋友家，看到他正在满屋子找遥控器。我便建议说："每次用完放在固定的位置不就好了吗？"

朋友摇着头，一脸无奈地说："之所以到处藏遥控器，就

是怕孩子找到。"因为他家孩子喜欢玩儿遥控器，拿上以后要么会乱调频道，要么就往地上扔，有一次把遥控器扔到了鱼缸里。现在这个遥控器，已经是换的第三个了。

"那就把以前的旧遥控器拿给他玩儿呗。"我再次建议道。

"旧的都扔了。再说了，遥控器又不是玩具，不好随便拿给他玩儿。"朋友说完，终于想起了遥控器藏在了哪里。等找出遥控器后，孩子看到了便伸手去抢，朋友则将手举得高高的，说："宝宝乖，不可以玩儿遥控器。"

孩子抢了半天，没有抢到，郁闷地哭了一会儿，便转身去别处玩儿了。

我相信，在朋友的心里，他一定不觉得自己限制了孩子的探索自由，他觉得这是在给孩子定规矩，但这并不是真正意义上的规矩，只是一个简单的限制而已。表面看父母在很用心地引导孩子，但实际上就是使用一种对孩子教育上的懒惰行为，用简单粗暴的指令，对一个弱小的孩子发号施令，让孩子听话，从而减少父母的带娃负担。

让孩子自由地探索世界，自由的是孩子，受累的是父母。为什么这么说呢？因为自由并不是把撒手不管当成静待花开，而是懂得"自由"的艺术，绽放的是孩子的思想，让孩子在无拘无束的环境中进行探索，在保障了孩子足够"自由"的基础之上，父母有意识地对孩子的行为习惯进行引导，引导孩子朝着更好、更优秀的方向前进。也就是说，父母既要时刻准备着打扫孩子自由探索后的"战场"，还要时刻考虑着怎样在不影响孩子自由的情况下，约束孩子的不良行为。这太需要父母有大智慧了。

曾看过一篇媒体对华为天才少年稚晖君的采访，瞬间被父母的教育方式"圈粉"了。

稚晖君是一名"90后"，他在 B 站上拥有超高的人气，被网友夸赞"除了不会生孩子外，其他什么都会"。他会发明创造，还会画画、弹吉他、剪视频等。让人印象深刻的是，他因为在雨天骑车摔倒，受了点儿伤，便想要将自行车改为自动驾驶。通过多次尝试后，一辆自动驾驶的自行车成功上路。

在不了解稚晖君的家庭前，我觉得这样一位优秀的孩子，他的父母一定也是"全能手"，否则怎么去培养孩子多方面发展呢？结果出乎意料的是，稚晖君的父母都是厨师，跟科技丝毫不沾边，在培养孩子方面，他们也没有多么高深的教育理念，就是"不管"。

怎么个"不管"法呢？小时候的稚晖君喜欢"拆家"，总是将家里的电视、音响、收音机等拆开，研究里面的构造。对此，父母不但没有过多地责怪他，反而特地给他买来了一些旧电器，让他尽情地拆卸。

对于稚晖君的种种兴趣爱好，父母从来不多过问，也不加干涉，就只有一个条件——不要影响学习。对于稚晖君未来的人生规划，父母也从来没有"指手画脚"，唯一的大原则就是"有出息"。

从小就拥有相对的自由和选择的权利，让稚晖君成为一个"敢想敢为"的少年，保留了对科学最本能的兴趣和求知欲。他选择去做的事情，全都是出自内心真实的喜爱之情，他所选择的专业，也绝对是自己发自内心想要去探索的领域。

稚晖君父母的智慧之处，就在于他们懂得抓大放小，抓住孩子大的发展方向，放过孩子身上一些细枝末节的不足，然后给予孩子自由探索的空间，让孩子在自由的探索中，找到自己愿意为之努力的发展方向。

同时，稚晖君的父母心态十分好，他们看得长远，并不急于让孩子取得一时的成绩。他们让孩子以自己的节奏和方式去成长，只要孩子整体的发展方向没有错，他们就愿意等着孩子在自由的探索中，逐渐发光发热的那一刻。

在放任孩子自由探索的背后，是父母使用"谋略"点燃孩子内驱力的过程。只要孩子的内驱力被触发起来了，他们很快就能快马加鞭地奔跑起来，成为那个父母不管也能自学成才的"天才少年"。

在孩子探索世界时，不要试图打扰他

你是否会在孩子探索世界时，去干扰他呢？我们通过两个例子来测试一下。

例1：你带着一个3岁的小孩儿在公园玩耍的时候，忽然发现孩子蹲在一棵大树下一动不动，好像发现了什么，这个时候你会怎么做呢？

选项A：过去拍拍孩子的头，问道："宝贝，你这么专心看什么呢？"

选项B：不声不响地走过去，蹲在孩子旁边，顺着孩子的目光看过去，寻找让孩子感兴趣的点在哪里。

例2：4岁的孩子正在客厅堆积木，你做好了午饭喊孩子吃饭，在厨房喊了一声，没有得到任何回应，于是便走到了客厅，发现孩子正在专心致志地堆积木，此时你会怎么做呢？

选项 A：大喊一声："别玩儿了，赶紧洗手吃饭，吃完饭再玩儿。"

选项 B：默默离开，将饭菜盖住保温，等孩子玩儿完以后主动过来吃饭。

如果你的答案都是"A"，那么很遗憾地告诉你，你经常会干扰孩子的探索；如果你的答案都是"B"，说明你很注重培养孩子的探索精神。

很多时候，孩子看似在做无足轻重的事情，比如，玩玩具、翻书、涂鸦、对着天空发呆……这些行为似乎即使受到干扰也没什么大不了的，单看一件确实如此，但如果事事件件都连起来，放在更宏观的角度去看待这个问题时，问题就严重了。当孩子专注于探索当下的世界时，总是被父母干扰，那孩子的专注力就无法得到更好的培养。而一个缺少专注力的孩子，他的内驱力就无法持续有效地发挥作用。

具体表现为：自控能力差，缺乏长期坚持的能力，极容易受到外界的干扰和诱惑，容易产生上瘾行为和依赖行为。

在养育大女儿时，我就是选项"A"，总是认为一切事情都大于孩子的游戏，直到后来得知，孩子的游戏不单纯是游戏，而是一种向外的探索。我才意识到，自己在无形当中干扰了孩子的探索需求。后来为了培养孩子的专注能力，又费了一番周章。所以在养育小女儿的过程中，我极力管住自己不去打扰孩子，让孩子能够全身心地专注于自己的探索当中。

小女儿4岁半的时候，在商场看到了一套乐高玩具，她十分喜欢，请求我买给她。之前她都是看着姐姐拼乐高，姐姐害怕她搞破坏，从来都是只让她看，不让她碰。我估计她的心里早就已经蠢蠢欲动了，于是便答应了她。

拿到乐高后，小女儿就迫不及待地想要回家，一刻钟都等不了。回到家后，她甚至来不及回到自己房间，坐在客厅的地上就拼了起来。很快一个多小时就过去了，孩子奶奶做好了饭菜，喊了两遍"开饭了"，小女儿都像没听见一样。

在奶奶心里，吃饭可比玩儿重要多了，于是准备走过去，将小女儿"拎"到饭桌前，这时我连忙上前阻止了母亲，并对老人说："孩子这么专注，还是不要打断她了，我们给她留出一些饭菜来，等她感觉饿了，我热给她吃。"

"这……这能行吗？吃热乎的饭菜多好。"母亲还有些担心。

"饭菜顿顿都吃，晚吃一会儿没有什么，但孩子能这么专注的时刻可不多见，自发主动地努力，多么难得呀。"

母亲听了，点了点头，算是默认了我的说法。那一天，孩子拼乐高拼到了下午一点半。中途她有拼不上来，气得"呜呜"哭的时候；也有看不懂图纸，向我求救的时候。除非她主动找我，否则我绝不主动跟她攀谈。

当终于拼好的时候，她满足地伸了个懒腰，对我说："爸爸，我好饿呀。真是奇怪，怎么刚才我一点儿都不饿，一拼完了就这么饿呢？"

我听了这话，发自内心地为孩子感到高兴。这是她第一次尝试长时间地专注于一件事情当中，并从中体会到了专注时内心产生的快乐与满足感。

当孩子全身心投入一件事情当中时，家长能够做的事情，就是不打扰，哪怕你认为孩子此时应该喝水了，应该吃饭了，应该睡觉了，甚至是应该需要你出手相助了，也不要贸然打扰孩子，别去做那个"打扰者"。

孩子的专注力不是被培养出来的，是被保护出来的。如果父母能够做到让孩子专注完整地做完他们想做的事情，孩子就会有持久的专注能力，一旦投入自己喜欢的事情当中，就像穿了"金钟罩"一般,丝毫不关心其他事物的变化。并且,这种专注的能力逐渐变成他自身具有的品质。拥有了专注的品质,还愁孩子在探索的过程中找不到乐趣吗?

小女儿上二年级的时候,学校组织孩子们参加兴趣班。不知为何她选择了围棋班,毕竟在这之前,她只上过舞蹈班。老师还说她过于活跃,有她在的教室里,从来不担心没有气氛。因此,我有些担心她无法一坐就是两三个小时。

不过我并没有将自己的担心告诉她,如果她觉得不适合自己,自然就会选择放弃了。结果没过多久,她回来告诉了我一个好消息,那就是她可以提前学围棋了。

原来,围棋班的孩子并不是一上来就开始学下棋,而是先进行一番考核,考核的内容就是"夹黄豆",用筷子将黄豆从一个碗里夹到另外一个碗里。单纯地从技术角度来说,这项考核没什么难度,但是要夹一整节课,并且尽量不使黄豆掉在地上,那可就不容易了,这需要孩子拥有极高的专注能力。

而小女儿竟然以明显的优势通过了老师的考核,我忍不住对她竖起了大拇指。后来小女儿一直坚持学围棋,活泼好动的她,也只有在下围棋的时候,才能安安静静地坐上一两个小时。

我们常常把为孩子"做什么"视为爱孩子的表现,但很多时候,父母"不做什么"才是爱孩子。如果非要做些什么,我认为父母唯一能做的,就是在孩子探索的过程中,帮他排除那些可能会遇到的危险。当他在遇到挫折向我们求助的时候,给予他必要的帮助和情感的支持,这样孩子的独立性才会得到培养,专注力也能得到充分发展。

打开家门，让孩子在大自然中发现"新大陆"

之前一位居住在小县城的朋友跟我聊天，聊到彼此的孩子时，她感叹道："现在的孩子真可怜，连什么是'跳皮筋'都不知道。每天进了教室就别想出来，除了体育课外，孩子几乎没有在操场上奔跑的机会。"

想想我们小时候，下了课就一窝蜂般地冲出教室，女孩子跳绳，男孩子踢球，碰到大课间能玩儿出一身汗。放学后，大部分同学没有家长接，都是三三两两结伴回家。我最喜欢的就

是夏天，回家的路两边长有沙棘、酸枣，还有野葡萄，一路上嘻嘻哈哈，边走边吃。

再看看现在的孩子，虽然不愁吃穿，但是他们离蓝天、阳光、花草、动物即大自然越来越远。

上海大自然野生昆虫馆曾推出会员制，即买一张价值100元的年卡，可在1年内不限次数进馆参观。活动推出后，年卡倒是售出去不少，但使用情况却有些惨淡。最后经过统计，在办年卡的会员中，有一半以上的孩子只参观过一次，有近5%的孩子，购买了年卡，却从来没有踏进过昆虫馆的大门。

而那些来到昆虫馆的孩子，能够真正去观察昆虫、研究昆虫的孩子，一只手就能数过来。馆长发现，大部分孩子来参观时，家长都会在一旁对他们说："昆虫太脏了，不要随便碰。""太丑了，不要看。"只有极少数的家长，会陪着孩子一起参观并探讨，还会帮助孩子用小纸条做记录。

这家野生昆虫馆原本是希望更多的都市孩子走出水泥建筑，但鉴于孩子们对自然的冷淡，昆虫馆只好重新布置。馆内大部分的小动物，除了留下活体昆虫、两栖爬虫类和小型哺乳动物外，其他均为龙猫、土拨鼠等"城市宠物"。

现在的孩子，尤其是居住在城市里的孩子，跟大自然亲密接触的机会真的是太少了。有位教育家说过："大自然是世界上最有趣的教师，它的教益无穷无尽，然而，世界上有很多孩子却没有机会与这位大教师亲近，实在遗憾。"哈佛素质教育者也认为：世界上再没有比大自然更好的教师了，它能教给你无穷无尽知识，想象力就来自于与大自然的亲密接触中。

大自然能够带给孩子无穷无尽的探索乐趣。在大自然中，孩子可以通过观察动物、植物及探索天文地理来获得知识；他们可以通过看、嗅、触摸、把玩、探索不同的对象，学会观察、比较、分类；还可以通过与花草、树木、鸟虫等生物的共处中，培养其爱心及尊重生命的观念。

更加重要的是，大自然是无限广大的，孩子在自然界中，总能发现更多新奇事物，而这会调动起他们的内驱力，让他们拥有更多的热情去探索自然，增长见识。

因此，一放假，我都会带孩子们到乡下的爷爷奶奶家住一段时间。我家大女儿小时候并不愿意回乡下，因为她觉得那里到处是泥洼，没有网络电视，也没有商场和游乐园。直到有一次，我们在晒谷场上看到了流星雨，大女儿才发现原来乡下这么美,从那以后她似乎"换"了一双眼睛。

她会在大清早把我从床上拉起来,就为了去看看屋后杂草上晶莹的露珠。她说,之前看书上写露珠有多么美,自己还不以为然,现在亲眼所见了,发现比书上写得美一万倍。她还会在黄昏之际拉我爬上半山腰,因为落日余晖下的湖水,就像是披上了一件金纱,美得十分妖艳。而这也成了大女儿后来爱上画画的原因。房前屋后的小花,草丛里的蜗牛,都会令大女儿产生"画下来"的欲望。每次回到爷爷奶奶家,她的包中必备素描本。

小女儿则不同,她从大自然中得到的,更多的是生物知识。

从小,小女儿就很喜欢回乡下,因为奶奶家的院子里养着鸡和鸭,还养着小狗和兔子。光看爷爷给鸡剁草吃,小女儿就能看上许久,然后边看边问:"爷爷,鸡吃东西为什么要摇着头吃?""爷爷,鸡吃肉肉吗?""爷爷,咱们家的鸡蛋里为什么孵不出小鸡?"有的问题可以从爷爷这里找到答案,有的问题,她就会记下来,然后从书中去寻找答案。

有一次,我逗邻居家的小孩儿玩儿,正唱着"小白兔,白又白"的儿歌呢,小女儿突然说我唱错了,因为小兔子不喜欢吃萝卜和青菜，小兔子最喜欢吃草。而这个结论，是她在给奶奶家的小兔子喂食时发现的，每次她给小兔子喂萝卜和青菜，小兔子都不怎么爱吃。但如果她拔了草喂小兔子，尤其是那种会流"奶"的草，小兔子就吃得十分开心。

"会不会是奶奶家的小兔子口味独特呢？"我问她，毕竟个例代表不了所有。小女儿却说："所有的兔子都这样，奶奶家的五只兔子是这样，邻居张奶奶家的兔子也是这样。"

我没有想到，孩子不但自己发现了"真相"，还去验证了这个"真相"。没有人教她怎样去做，也没有人要求她必须怎么去做，这一切都是她自觉自发的行为。想到这里，我不禁感叹：美丽无比的大自然果然是培养孩子最丰富、最全面的教科书。

就在我写这本书的时候，得到了一个好消息。我所在的城市开了一个"自然补习班"，在这个补习班里，老师不教算术，也不教语文，而是教孩子们怎样种地，教孩子们怎样孵小鸡，还会带着孩子去秋收，亲眼见证麦子是怎样变成大馒头的……这个自然补习班还上了《人民日报》，被点名表扬。这说明了无论是从国家角度还是从社会角度都越来越重视孩子们的"自然教育"了。

我相信,"自然缺失症"会成为过去时,越来越多的父母会意识到大自然的力量,将孩子放回自然当中。林间奔跑的孩子会越来越多,他们会开心地去捡拾一片落叶,会兴奋地去看一只跳跃的蛐蛐。在接触大自然的过程中,他们的求知欲会得到满足,他们的体魄能得到增强,他们的智慧也能够得到启迪。

第5章
在冲突中寻找解决方案

父母要知道,青春期是孩子成长的一个过程,并不是他人生的最终结局,所以,父母应该给正处于青春期的孩子一些建议,不要让孩子盲目崇拜,让他们理性判断一件事,做事要有目标,要理智行事;告诉他做人不要太自私,在这个世界上,不是所有人都要围着他转;不要让孩子沉迷于虚拟的世界,要让孩子学会敬畏。作为这个世界上孩子最亲近的人,父母的建议对孩子的成长非常重要。

不要盲目崇拜谁

青春，追求的是时尚，缺乏的是理性，所以青春期的孩子，更容易盲目崇拜。有的孩子会为了追某一明星，不惜走遍"千山万水"，只为追随明星的脚步；有的孩子会为了赢得主播的一声夸赞，不惜将自己所有的零花钱都拿出来去打赏；有的孩子非常喜欢游戏里的某一个人物，不惜花钱买装备，熬夜打游戏。这就是盲目崇拜。对此，父母一定要多关注孩子，对孩子进行正面的引导。

小强很喜欢一位篮球明星，喜欢在电视上或手机上看这位篮球明星的比赛，时刻关注着这位篮球明星。那天，他得知这位篮球明星将在晚上7点半开始比赛后，竟逃课到网吧去看他的比赛。当天，老师因为找不到小强而通知了小强的爸爸妈妈，最后大家一起在网吧找到了他。

小强对这位球星就是这么痴迷。每次和同学一起打篮球

时，小强都学着这位球星的动作。直到上课的前几分钟，他还要学着这位球星的动作最后再投个篮。

小强的卧室里到处挂着这位篮球明星的海报，只要有钱，他就会买和球星相关的东西，如球星同款衣服、球星同款运动鞋、球星海报，等等。爸爸和小强说："买这么多东西有什么用呢？你心中可以有偶像，但凡事都要有个度，不能这么痴迷！"

无论爸爸怎么说，小强都像没听到似的，依然沉浸在自己崇拜球星的世界里。现在的小强，心思完全不在学习上，每天只关注自己崇拜的球星什么时候参加比赛，这让爸爸妈妈很担心。

作为父母，你想知道青少年为什么会产生崇拜心理吗？其实崇拜是青春期孩子对自己理想化的一种幻想。孩子小的时候，依赖爸爸妈妈，随着年龄的增长，孩子不断寻找着理想中的自己，进而开始追捧理想中的自己。青少年时期的孩子正在慢慢脱离父母的庇护，但他们还是希望获得一些安全感，于是他们开始寻找，直到一位偶像出现在他们面前，才找到了自己的情感寄托。青少年崇拜偶像具有两面性，如果孩子对自己崇拜的偶像达到了痴迷的状态，不惜为此花费父母辛苦赚来的钱，并荒废自己的学业，就是盲目地崇拜；反过来，如果青少年以自己崇拜的偶像为目标，来激励自己朝着目标前行，有所成就，则是值得提倡的。

张忠从小就喜欢画画，上幼儿园时，爸爸给他报了绘画班，一直到现在还在学习绘画。上了小学，张忠看书的时候接触到了画家齐白石，从此他就喜欢上了齐白石爷爷，他模仿齐白石画画，学习他一丝不苟的精神。

张忠尤其痴迷于齐白石的画作，经常去画展参观齐白石画的画。到星期天时，他还会临摹齐白石的画。张忠很自觉，每次画画或去画展参观齐白石的画作时，都会先完成作业。现在，张忠已经是一名初中生了，一直以来他都很自律，从来不会因为过度痴迷画作而迷失了自我。

　　张忠为什么能做到这样呢？起初，张忠并不喜欢学习，而是一心只关注画画，且只关注齐白石的画。有一次，他想要模仿齐白石的那幅《墨虾》，却无从下手，因为他对虾一点儿都不了解，不知道虾长什么样子，也不知道虾身扭动的意义。好在他遇到了困难知道找爸爸妈妈帮忙。这时，爸爸妈妈就对张忠说："如果你想成为像齐白石一样的画家，就要学习很多知识，画里蕴含着丰富的知识，需要你用心体会。"张忠一下子恍然大悟了，这之后，他牢牢地记住了这句话。

　　张忠从小就想成为齐白石一样的大画家，但从那天起他才明白，在理想面前，学业更加重要。所以每天上课，他都认真听讲，按时完成老师布置的作业，因为他想做一个学识渊博的画家。

少一些浪漫,多一些理性

孩子进入青春期后,身体和心理有了明显变化,部分青少年还会为自己的青春营造一些浪漫——他们非常关注来自异性的评价,性意识也开始萌动。比如,在课间与异性同学漫步于操场,节假日和异性朋友去看电影或来一次说走就走的旅行……这些大概是他们从电视上的青春偶像剧里学来的,在孩子看来都是很浪漫的,并不一定是早恋。对于这些,父母一定要正确认识,要明白这是孩子成长中的必经过程。如果父母过多地责难孩子,会令孩子在面临困境或受到伤害时不敢告诉父母,这不但会影响孩子的学习,甚至还可能给孩子的身心造成更大的伤害。

王欣长得很漂亮,被公认为班上的班花。班上有几个男生都对她很好,但她只对其中一个平时总会用自己的零花钱给她买玫瑰花的男生有好感。王欣很喜欢看青春偶像剧,很享受被送花的感觉，她觉得男生给女生送花是一件很浪漫的事。

没过多久，王欣的爸爸妈妈知道了这件事，他们觉得孩子要以学业为重，于是对王欣进行了批评教育，还找了那个男生的家长，让他们管好自己家的孩子。王欣完全不认可爸爸妈妈的做法，她觉得爸爸妈妈这么做让自己颜面扫地，于是和他们大吵了一架，之后和爸爸妈妈一见面就像仇人似的。

因为不认可爸爸妈妈的做法，从那一刻开始，她变得更加叛逆了。她完全不顾及爸爸妈妈的反对，和那个男生一起看了电影。她觉得男生给自己送礼物后，和他一起散步是最放松的时刻，而和爸爸妈妈在一起的时候则是最受束缚的，是最不自在的。可以说，现在她只要看到爸爸妈妈，就觉得讨厌。

每个人都喜欢浪漫，不光是青少年，成人也是如此。作为父母，应该尊重孩子的人格和情感。面对孩子早恋，父母不要过分约束，否则不仅不起作用，还会引起孩子的叛逆，导致父母和孩子产生矛盾。爸爸妈妈应该寻找合适的机会，及时和孩子沟通，理解孩子，像和朋友谈心一样走入孩子的内心世界，了解孩子的想法，化解他心中的情感困惑。对于青少年而言，喜欢异性大部分是出于对对方优点、好成绩或容貌的欣赏，这时候，父母就要引导孩子学习对方的优点，和对方共同学习、一起进步，理性地面对这一问题。

李刚很喜欢班里的一名女同学，他觉得这名女生不仅漂亮，学习也好，于是，他开始想着怎么引起这名女同学的注意，获得她的青睐。他绞尽脑汁也想不出来，回到家之后，他故作镇定地问爸爸："爸爸，我们男生要怎么做才能引起女生的关注呢？"

爸爸听李刚这么问，顿时就明白了。他问道："那要看是什么样的女生了。"李刚说："人很漂亮，成绩也好！女生不都喜欢浪漫吗？那我就买一束花送给她好了！"爸爸说："我觉得这么做不妥当。如果人家学习好，我建议你多请教人家学习上的问题，这样会好一点。"爸爸又接着说，"如果你通过不断请教问题，学习成绩提高了，她就会关注你，也会欣赏你，到时候，你们就会一起进步，那多好啊！"

李刚一想，也对。从那天开始，李刚只要有不懂的题，就去请教那名女生，女孩也很热心地告诉他。就这样，没过多长时间，李刚的成绩提升了，他和那名女生也成了很好的朋友，他们在学习上你追我赶，成绩都很优异。

当然，父母在给出建议的同时，还应该丰富他们的生活。

有的时候，孩子营造浪漫是因为学习压力太大。父母可以在节假日带着孩子外出旅游、吃美食，也可以培养孩子的兴趣爱好，让孩子放松之后将精力放在学习上，面对任何问题都可以理性思考。

少一些幻想，多一些目标

青春期的孩子处于迷茫时期，他们在理想与现实之间徘徊，因理想与现实之间的巨大差距，再加上学习压力大，他们很容易陷入幻想当中，而且乐此不疲。

处于青春期的孩子还会对异性产生好感，进而幻想一些与异性同学浪漫相处的场景。这些幻想虽属于青春期孩子的正常反应，但父母也应该给予正确引导，让孩子脱离幻想，朝着现实目标前行。

王博上初三了，学习成绩一直都很好，最近却开始心不在焉，上课总是走神。原来就在不久前，他看到同学们聚在一起打游戏，并向他讲述游戏里的人物和游戏场景时，王博还不怎么感兴趣，但看到大家玩得热火朝天，便也凑了上去。这时，有个男生将自己的手机递给了王博，让他玩几把。

这一玩王博就上了瘾。回到家之后，他在手机上也下载了

这款游戏，和同学们一起联机玩了起来。也就是从这一刻开始，王博迷恋上了玩游戏，每天吃饭的时候玩，写作业的时候玩，睡觉的时候还想着玩，就连上课的时候也时常走神。老师发现之后，多次提醒王博，但他就像没事人一样，继续沉浸在游戏中。这时的他感觉现实生活中的学习好难，而游戏里就轻松多了，就这样，慢慢地，王博开始变得不爱学习了。

等到爸爸妈妈发现王博总是在玩游戏时，他已经陷得太深了。爸爸妈妈和他谈这件事时，王博告诉爸爸妈妈，他在现实生活中很苦恼，只有在游戏世界里才能感受到快乐。这时该怎么办呢？

青春期的孩子很容易出现各种各样的幻想，父母首先要以平常心对待，平时多观察孩子的反应，及早发现，及时引导，引导孩子正确对待自己的变化；其次要和孩子多沟通，了解孩子内心的真实感受；最后要帮助孩子树立正确的"三观"，让孩子分得清现实世界与虚拟世界，排解心中的压力。

最近一段时间，玲玲总是陷入胡思乱想当中，她总幻想着自己很漂亮，有一名俊俏的男生在追求自己，她幻想着两个人在青春偶像剧的场景里，每次自己遇到困难，男生总会出现在自己的面前，并帮助自己。

有一次，玲玲因为上课时幻想这样的场景而被老师发现她注意力不集中，便让她回答问题，玲玲甚至连老师提问的是什么问题都不知道。就这样，慢慢地，玲玲的成绩下降了。

爸爸通过与女儿的及时沟通知道了玲玲是因为进入青春期产生幻想后，在学习上总不能集中精力，就为玲玲讲了理想和目标的重要性，还讲了很多励志的故事。那天，父女俩聊了好久。通过和爸爸聊天，玲玲从幻想里慢慢回到了现实生活中，开始理智地思考问题了。

对于青春期的孩子，爸爸妈妈要以正确的方式让孩子少一些幻想，多一些目标，千万不能和孩子发生正面冲突，以粗暴的方式对待孩子。那样不仅起不到教育作用，还会使孩子越陷越深，孩子会因此逃避现实，沉迷于幻想，迷失自我，荒废学业，耽误青春，蹉跎人生。

少一些冲动，多一些理智

进入青春期的孩子很容易冲动，用一个词来形容他们，就是"情绪化"。有的时候，孩子的情绪一激动，就会不分场合、不分时间地大吼大叫，弄得自己脸红脖子粗的，完全不顾及后果。为此，一些父母总会哀叹："我的孩子进入青春期之后，就像变了个人似的，完全不像小时候那么乖巧了，现在的他冲动、易怒、爱发脾气，这个家伙做事之前怎么就不知道想一想后果呢？"

李睿自从上了高中，就变得不听话了，每天的作业不按时完成，回家之后还总是和爸爸妈妈要零花钱。妈妈通过了解才知道李睿管家里要钱是去参加同学聚会。爸爸知道了之后，对李睿进行了批评教育，可是这孩子现在一点儿都不怕爸爸，不仅如此，他还学会了顶嘴，爸爸说一句，他顶撞一句，弄得爸爸哑口无言。

爸爸曾尝试和李睿沟通，但每当李睿看到爸爸要和自己谈话时，就躲出去，丝毫不给爸爸走进自己内心世界的机会。这个十七八岁的孩子，总是那么冲动。一天，他的"好哥们儿"要赶火车，李睿悄悄拿着爸爸的车钥匙，让"好哥们儿"开着自家车去火车站。因为开车的"好哥们儿"没有驾驶证，在慌乱中撞上了路障，最后被交警处罚了。

爸爸妈妈知道后和李睿进行了谈话，但他们发现孩子的情绪更加暴躁了，家长的话一点儿也听不进去。

面对青春期易冲动的孩子，父母首先应该去了解孩子，理解孩子，站在孩子的角度思考问题，循序渐进地让孩子接受自己。接下来就是对青春期孩子的再教育，这个时期的孩子不能放手不管，但管不好又会引起和孩子之间的冲突。这时候父母要多锻炼孩子的自控力，让孩子自己提醒自己；什么事该做、什么事不该做，不该做的就立即停下来。孩子最需要父母的信任，所以父母要试着去相信孩子，让他们自己去处理一些事。当然，父母也可以通过提问的方式引导他们去完成一件事。

吴磊是一名初三的学生，他想拥有一部手机，但是爸爸妈妈怕他控制不住自己总是玩手机而荒废了学业，所以不愿意给他买。

因为爸爸妈妈迟迟不肯给自己买手机，吴磊最近一段时间总是和爸爸妈妈闹别扭。爸爸觉得孩子已经长大了，如果直接拒绝，会让孩子面子上过不去，于是就想找个时间心平气和地和他谈一谈。

这天，爸爸把吴磊叫到自己的书房，说："磊磊，爸爸可以给你买手机。"吴磊听爸爸这么说，顿时就乐开了花，对爸爸的态度也一下子好了很多。

"不过，我想听一听你要手机干什么。"吴磊说他学习上有很多东西都不懂，需要借助手机来查资料，不过偶尔累了的时候，也会玩一会儿游戏。

爸爸又问："用手机查资料很好，娱乐也可以，但是，你有使用计划吗？这样吧，你给自己列一个使用计划，我看一下，如果合理，我们就买。不过，你要严格按照你所拟订的计划实施，否则我和妈妈是要没收你的手机的。"

吴磊点头答应了，他给爸爸列出了手机的用途和使用时间，爸爸看了之后非常满意，就给他买了手机。接下来，吴磊也信守承诺，按照计划表使用手机。因为有了约束，吴磊学会了自我管理，学会了理智地使用手机。

当然，这一招也不是百试百灵，但父母多关注孩子，在孩子做事之前多问问孩子的意见肯定是没错的。要知道，孩子已经长大了，他们知道什么事情该做，什么事情不该做，做父母的只要以正确的方式引导就行了。必要时，父母要为孩子分析利弊，让孩子自己做出选择，让他们自己为自己定规则，这样他们才会逐渐成长。

不是所有人都会围着你转

这个世界上有一种自私叫作"所有人都围着我转"。处于青春期的孩子,是不是也这样想呢?答案是肯定的。他们总觉得这个世界上的人都应该关注自己说的每一句话、做的每一件事,他们完全以自我为中心,一言一行都以自己的立场和观点去认识事物,完全不理解他人,也不会站在他人的角度去思考问题。而这些以自我为中心的青少年,有的是因为父母的忽略导致的,有的则是受父母潜移默化的影响。自私的心态一旦成为一个人稳定的人格特征,最终是有害无益的。

冯燕很小的时候就受爸爸妈妈的影响,不管做什么事就想着自己,从来不考虑他人的感受。她在学校宿舍里总是使用舍友的东西,而当别人和她借东西的时候,她就和她们说没有了。

星期六回家时,冯燕看到自己的舍友有公交卡,于是就开口向舍友借,这时舍友说:"如果借给了你,那我用什么呢?"冯燕回答道:"你不是有钱吗?用你自己的钱就好了。"她的话被其他舍友听到了,大家都觉得冯燕是个自私的人,而且自私得不可思议,大家便都排斥她,不愿意和她相处。

从那之后,再没有人愿意帮冯燕了,当她再请别人帮忙时,大家都果断地拒绝了。冯燕却这么想:"帮助人不是应该的吗?你们现在不帮我,很不地道,会遭报应的!"

回到家之后,冯燕将自己的委屈告诉了爸爸,爸爸也很生气,觉得女儿正在被宿舍里的人欺负,就想为女儿打抱不平。冯燕这一家人从不觉得自己错了,只认为都是别人的错。他们这种恨不得全世界的人都围着自己转的想法,就是自私的表现。

青春期的孩子中总有个别人喜欢以自我为中心，他们喜欢高高在上，希望被所有人关注，恨不得让地球都围着他转，他们只喜欢做主角，从来都不会做配角。如果你的孩子是这样的人，那么你一定要告诉他，在这个世上没有人欠你，别人帮你是情分，不帮你是本分，不要觉得别人帮你是理所当然的。父母应该告诉孩子，凡事多站在别人的角度思考问题，多去理解、尊重、关心他人，这样才可获得更多的友谊，从中也可体验到人生的价值与幸福。

韩晓的爸爸总教育韩晓，要做一个有爱心的人、乐于助人的人。

有一次，爸爸带着韩晓坐公交车去姑姑家。他们上公交车时，车上的人不是很多，韩晓和爸爸就找了座位坐了下来。过了几站之后，车上的人越来越多了，这时上来了一位老人，老人颤颤巍巍地往后面走着。这时，爸爸站了起来，扶着老人坐到自己的位置上，老人连声说着"谢谢"。

不一会儿，韩晓看到了有一位老奶奶站在自己的身旁，他也学着爸爸给老奶奶让了座，周围的人都朝韩晓竖起了大拇指，不停地夸赞着韩晓是个好孩子。

父母应该告诉孩子，在这个世界上，除了他自己外，还有很多很多的人，既要善待自己，也要善待身边的每一个人，这样别人才会以同样的方式来善待他，未来他的社会圈才会越来越广，人生才会越来越开阔。

第6章
青春期的果子有些涩

孩子进入青春期后，对异性的好奇促使他们开始对异性产生难以名状的情愫。这时候的孩子，如果父母不加以引导，很有可能会走入感情的歧途，身心都受到伤害。所以，作为父母，要教育孩子正确地面对异性，理性地表达自己的情感，将精力放在学习上，为自己心中的梦想努力奋斗。

情窦初开的懵懂很正常

青春期的孩子，会逐渐意识到两性之间的差异，他们通常都喜欢和异性接触，这是孩子美好情感的流露。

初一开学的第一天，小刚就对班上一名叫小蝶的女生有一种莫名的亲切感，看到她就觉得心情舒畅。小刚不知道为什么，平时开朗热情的自己，见到小蝶总是感到害羞紧张。小蝶也注意到了小刚对自己的关注，对于帅气潇洒的小刚，小蝶并不排斥，偶尔会对小刚的关注报以微笑，这让本就慌乱的小刚

心情更加激动，仿佛有只小鹿在心头怦怦乱跳。

小蝶是班里学霸级的存在，每次考试都稳居全班第一名。小刚的学习却马马虎虎。

本来有些邋遢的小刚，最近每次去学校前总是要好好打扮一番，整个人变得干净整洁起来。这一反常的变化让爸爸注意到了，聪明的爸爸隐约感觉到了什么，毕竟这个小家伙小时候可是每天都需要爸爸追着洗脸的，要不是长得还算俊朗，那可真没救了。

爸爸笑着问小刚："怎么了帅哥？最近这么爱干净，碰上白雪公主啦？"

听了爸爸的调侃，小刚的脸一下子红了，结结巴巴地说道："没，没有，你别瞎说。我们老师说了，不能早……早恋。我现在要安心学……学习。"

爸爸哈哈大笑，说道："看把你吓的，我就是开个玩笑而已。我们家小刚这么帅的小伙儿，有姑娘喜欢也是正常的。不过你说得也有道理，你现在确实应该安心学习，最起码学习要比你的白雪公主强才行。要不在女生眼中就不是白马王子遇上了白雪公主，而是一头邋遢小猪降临了。"

小刚不知道爸爸是有意还是无意，反正感觉爸爸每句话都说到了他的心坎上。他觉得爸爸的话说得确实有道理，小蝶学习那么好，如果自己学习差，人家肯定看不上自己。

爸爸的话也让小刚慌乱的心平静了许多,他想了很多,觉得爸爸的话带给了自己无尽的力量。看爸爸那轻松的表情,好像所谓的早恋话题并不是那么严肃和可怕,爸爸还是很开明的。

此后的日子里,小刚爱干净整洁已经成为习惯,更关键的是,爸爸发现儿子在学习上投入了巨大的精力,每天都会主动去学习,根本不用爸爸督促。看着孩子的表现,爸爸感觉孩子的学习状态并没有因为感情而受到影响,也就没有再过多地讲关于"早恋"的话题。

期末考试的时候,小刚的成绩不错,考了全班第二名,总成绩比第一名少了1分。爸爸有些遗憾,但儿子很开心,一个劲儿地说着:"这样挺好,这样挺好,考第一就没意思了。"

开家长会的时候,小刚爸爸看到了考全班第一的那个同学,没错,就是小蝶。看着小刚的表情,爸爸瞬间明白了儿子为啥考第二名那么开心,也明白儿子为什么如此努力学习了。

既然孩子已经将自己青春期对异性的好感转化为学习的动力,那让孩子在心中保留着一份对青春期爱情的美好向往也未尝不可,这也许会成为孩子一生当中非常美好的回忆。

上面案例中小刚的爸爸真是一位聪明睿智的爸爸,他懂得如何跟自己青春期的儿子沟通，更可贵的是他能够通过孩子细微的变化敏感地捕捉到儿子正在面临的情感问题并给予正确的引导。当孩子陷入困惑和不安的时候，爸爸没有将事情挑破，这样就避免了孩子自尊心受到伤害。毕竟暗恋一个人是非常隐私的个人情感，如果被人挑破，面子上必然挂不住，内心也会造成伤害。

而这正是现实中很多爸爸妈妈经常犯的错误。本来孩子并没有早恋的想法，但是当父母突然间将这个问题放在孩子面前的时候，孩子心中的逆反情绪必然被激起，进而被动陷入"早恋"的不良情绪当中无法自拔。

情感问题，是每一个处于青春期的孩子无法避免的问题，只是发生在每个孩子身上的具体情况不同而已。父母要做的就是及时发现问题，对孩子加以正确引导，而不是粗暴干涉、伤害孩子的自尊。相信在父母的正确引导下，孩子必然能走出青春期情感的困扰，做出自己正确的选择。

可以心动，不要行动

十五六岁的少男少女们，正处于情窦初开的年纪，很容易对异性心动，这种心动可能就发生在普普通通的一件小事里，可能是他的篮球打得很好，可能是她说话很温柔；可能是他没有不会做的题，可能是她英语读得特别优美；可能是他今天的白衬衣很好看，可能是她今天笑得很美。对异性心动是正常的，但不要付诸行动。怎样才能让处于青春期的孩子既正常，又不越线呢？父母真的要花费些精力，才能把握好这种平衡。

小艾是一名高二的学生，大部分时间都花在了学习上。她平常的活动地点就是教学楼、食堂、宿舍，可以说简单得不能再简单了。

这一天，她下了晚自习，已经很累了，收拾好东西就打算从教学楼离开。当她踏出教学楼的那一刻，外面正飘着纷纷扬扬的雪花，在不远处路灯的照耀下，雪花似乎染上了一层暖色，让小艾心中也充满了温暖。此时，地上已经积了薄薄的一层雪，小艾小心地踩在上面，听着鞋底与积雪接触的声音，但是在下台阶的时候，小艾还是一不小心摔了个四脚朝天。

这时，一个穿着红色羽绒服的男孩子，撑着伞站到了她面前，先是不客气地笑了起来："哈，你这样子……"小艾起先很是气恼，但是很快她就听到了自己的心不可抑制地跳了起来，一下一下地，跳得她心慌，她知道那是心动的声音。男孩子看她愣在了那里，于是伸手扶起了她，温柔地询问道："你还好吗？"

小艾回了一句："还行，没事儿。"

男孩子说："那这把伞给你，你走的时候小心些，现在路上滑。"

小艾说："谢谢了。"停顿了一下，小艾又说道，"这伞我怎么还你啊？"

男孩子说："哦，我就是你们隔壁班的，我知道你，我明天过去找你拿好了。"

小艾点点头。回到宿舍后，小艾还在回忆当时的场景，她知道，那一刻她心动了。

这是情窦初开，是一刹那的怦然心动，是一种很美好的感情。但这时正是孩子人生的重要阶段，这种感情多多少少还是会影响到孩子的日常学习，所以青春期的孩子可以心动，但不要行动。

孩子们正处于青春悸动的时期，他们会在某一个时间、某一个特定的场景因某一个人心动，这是很正常的一件事情。父母不要孩子一有风吹草动便如临大敌，责怪、抱怨，甚至惩罚孩子，应该理解、包容孩子，与他沟通，共同探讨他所遇到的问题，这样才能帮助孩子渡过情感难关。

拒绝是一件很重要的事

当有人向你表达爱意的时候，你的第一反应是什么呢？我想肯定是欣喜。如果恰好你也喜欢这个人呢？你会欣喜若狂。但是对于青春期的少男少女来说，此时一定要理智，要明白这个时期学习的重要性，要清楚现阶段是他们人生的关键转折点，所以此时要学会拒绝，这是一件很重要的事情。

小曼今年高二了，她是一个漂亮且安静的女孩。这一天下了晚自习，她回到宿舍后便去洗漱了。等她从水房回来的时

候,看到同宿舍的几个女生正围在窗户那里看着外面,嘴里还不时地发出各种惊喜的声音。

这时,一个舍友看到小曼回来了,便喊道:"小曼,快来,快来!你看外边!"

小曼笑着说:"你们这是看什么呢?"

那位舍友说道:"哎呀,你过来就知道了。"

小曼走到窗边,看到宿舍楼外面的地面上,用粉色的蜡烛围成了一个巨大的心形,中间写着这样的字:"小曼,我喜欢你。"小曼一时间没反应过来,说道:"这是哪个小曼啊,她跟我同名儿呢!"

舍友说道:"你看那个捧着玫瑰花的是谁?你认识吗?"

小曼说:"哦,那是咱们班的。"

舍友都看着她,然后问道:"然后呢?"

小曼说道:"还有什么然后啊?"

舍友被这么呆的小曼给气坏了,纷纷转过头去不理她。

这时,那个男孩子对着她们的窗户喊了起来:"高二(3)班的小曼,我喜欢你。"他的喊声引得男女生宿舍的人纷纷将头探出窗户,起哄地喊了起来。

小曼的舍友将她推到了窗户边,对着她说道:"你看到了,这是跟你表白呢。小曼同学,你说一说你此时的感想呗。"

小曼说道："我没什么感想。"说完后下了宿舍楼，来到那个男孩子面前，说道："首先呢，我很感谢你喜欢我。"

那名男同学听后十分高兴，以为小曼会同意做他的女朋友，接下来却听小曼温柔地说道："但是现在不是谈情说爱的时候，我想要考上我心仪的大学，不想因为谈恋爱分心，所以我现在是不会答应你的。"

那名男同学虽然有些失望，但是也能接受："那你要考哪所大学？我争取跟你考上同一所大学。"

青春期的少男少女很容易冲动，很容易走极端，所以拒绝他们表白的时候，要讲究方式方法。建议要有坚决的态度，切记不要犹豫不决，以免给对方希望；其次要选择一个恰当的环境，不要在周围人很多的时候去拒绝，那样对方很可能在心理上接受不了；最后要快刀斩乱麻，避免因为这个影响到双方的正常学习和生活。

处于青春期的孩子毕竟年纪还小，还不能很好地处理自己的感情，需要家长在这一时期多注意孩子的心理变化，并接纳这些变化，要给孩子在情感上留出足够的空间，给他讲些道理，告诉他人生的不同时期有不同的任务，帮助孩子学会选择、学会放弃、学会自我控制。

引导孩子多交一些朋友

青春期的男孩女孩，感情还很朦胧，对异性的好感也很单纯。他们写写情书，表白一下情感，很多家长就如临大敌，给他们贴上"早恋"的标签，对他们横加干涉，轮番教育。而聪明的父母则会帮助孩子正视"青春期恋情"，告诉孩子这是正常的，证明他们已经从小孩子进入青春期阶段。父母要引导孩子多交一些朋友，鼓励孩子把这种美好的情感化为互相鼓励的动力。这样，孩子的未来才会以更好的方式到来。

小真的妈妈在给女儿收拾书桌的时候，发现了她藏在日记本里的情书，当即就拿着这些情书找到小真的爸爸。她生气地对小真的爸爸吼道："你看看你的宝贝女儿，这么小就开始早恋了，这可怎么得了？"

小真的爸爸说道："你可别瞎说，她那么乖的姑娘，怎么会早恋呢？"

小真的妈妈说道:"怎么不会呢?你看看这些情书!"

小真的爸爸说:"即使真的是情书,也不能代表什么。行了,你又乱翻孩子的东西,把东西给孩子放回去,这件事你不要管了,我来跟小真说。"

小真的妈妈说道:"那你一定要说啊!"

小真的爸爸说道:"放心吧!"

等到晚上小真放学回家,吃过晚饭之后,小真的爸爸说道:"小真啊,爸爸要去小区里散步,你要不要陪爸爸一起?"

小真说:"好的。"

他们来到了小区的花园里,小真的爸爸说道:"小真啊,一转眼你就长这么大了,有时候爸爸还真有些担心你被哪个臭小子骗走呢。"

小真说:"哪里会,我才不会被骗走呢。"

小真的爸爸笑呵呵地说:"嗯、嗯,不会,我女儿这么漂亮,难道学校里没有追求你的男孩子?"

小真不好意思地说道:"爸爸,你怎么这样问啊?"

小真的爸爸说道:"这有什么不好意思的?'窈窕淑女,君子好逑',这很正常啊!爸爸跟你说个秘密,爸爸像你这么大的时候也追求过女孩子呢。"

小真好奇地问:"啊?还有这事儿?那我妈知道吗?"

小真的爸爸说道:"这可是我们之间的秘密,你可别告诉你妈啊!"

小真说道:"嗯,我保证不说。那后来呢?"

小真的爸爸说:"后来啊,我们成了最好的朋友。那个姑娘有她的理想要去实现。再后来,我们并没有走到一起,但是并不影响我们的友谊。"小真的爸爸停了一下又说道,"小真啊,你们这个年纪正是追求学业的时候,不是合适的谈恋爱时间,但可以多交一些朋友。"

听了爸爸的话,小真若有所思地点点头,说道:"谢谢爸爸,我知道自己该怎么做。"

青春期的少男少女,在最好的时光里相遇,他们一起学习,一起玩耍,一起度过青春;他们可以摒弃男女的身份,成为最好的朋友,学习对方的优点,相互鼓励;他们可以是同学、是知己、是同伴,但此时却不适合成为恋人,因为他们心理还不够成熟,还没有为自己未来负责的能力。

小美是班上的语文科代表,小黎是班上的数学科代表,两人成绩优异,是同学们心中的"金童玉女"。为此,同学们经常起哄让他们在一起,但是这两个当事人却没有这样想过,他们照常一起讨论问题，一起玩耍。

有一天，小美生病了，家人不在县城，于是她自己去医院输液。等到晚上的时候，小黎去医院看她，说："这是我给你打包的皮蛋瘦肉粥，你先吃点儿，你还想吃什么我再去给你买。"他停顿了一下又说道，"今天上课的笔记我也给你抄好了，你先安心养病吧。"

小美觉得心里暖暖的，说道："谢谢你。我已经好多了，等会儿输完液我就可以回去了。"

小黎说："那我陪你一起。"两个人又说起了别的话题，真的是越聊越投机，最后不知道是月色正好，还是心里正暖，小美没头没脑地说了句："要不，我们试试？"小黎好像一下子就听懂了："试试就试试。"

之后的很长一段时间，两个人真的在老师和同学们的眼皮子底下谈起恋爱来了。期末考试结束后，老师发现这两个人成绩掉得厉害，便留心起来。老师终于发现这两个人在早恋，于是通知了两个人的家长。他们的父母都感到很惊讶，因为他们一直关注的都是孩子的学习成绩，至于其他的都很少过问。

青春期的少男少女之间作为同学或者同桌，由于日常交往密切，会对对方产生更为细致的了解，很容易对其产生爱慕之心。作为父母，在信任孩子的同时，也要经常关心孩子，了解他们的心理状态、情感状况，不过度干涉孩子与异性交往，但也不能放任孩子在情感的漩涡中越陷越深。